Modernité de Pierre Jean Jouve

LA REVUE
des lettres modernes

Modernité de Pierre Jean Jouve

Sous la direction de Christiane Blot-Labarrère

PARIS
LETTRES MODERNES MINARD

DIRECTION DE LA SÉRIE PIERRE JEAN JOUVE

Christiane BLOT-LABARRÈRE

DIRECTION DE LA PUBLICATION

Christiane BLOT-LABARRÈRE

COMITÉ DIRECTEUR

Patrick MAROT (président)
Philippe ANTOINE, Christian CHELEBOURG (vice-présidents)
Julien ROUMETTE (secrétaire)
Llewellyn BROWN, Jean-Yves LAURICHESSE (coordinateurs éditoriaux)

Classiques Garnier
La Revue des lettres modernes
6 rue de la Sorbonne
75005 Paris
patmarot@orange.fr

Réimpression de l'édition de Paris, 2006.

ISBN 978-2-406-12314-9
ISSN 0035-2136

SIGLES ET ABRÉVIATIONS

ŒUVRES DE PIERRE JEAN JOUVE

Édition de référence :

[Œ] I, II *Œuvre*, t. I, II. Texte établi et présenté par Jean STAROBINSKI avec une note de YVES BONNEFOY et pour les textes inédits la collaboration de Catherine JOUVE et de René MICHA (Paris, Mercure de France, 1987).

A	*Apologie du poète* [I]	P	*Paulina 1880* [II]
AP	« Dans les années profondes » [in *SC*]	P1	*Poésie I–IV* [I]
		P2	*Poésie V–VI* [I]
C	*Commentaires*	P3	*Poésie VII–IX* [I]
D	*Diadème* [in *P3*]	P4	*Poésie X–XI* [I]
DJ	*Don Juan de Mozart*	PP	*Le Paradis perdu* [I]
EM	*En miroir. Journal sans date* [II]	Pr	*Proses* [II]
FH	*Poèmes de la Folie de Hölderlin* [II]	SC	*La Scène capitale* [II]
		SS	*Sueur de sang* [I]
H	*Hécate* [II]	TB	*Tombeau de Baudelaire*
HS	« Histoires sanglantes » [in *SC*]	V	*Vagadu* [II]
M	*Mélodrame* [in *P4*]	Vi	« La Victime » [in *SC*]
MC	*Matière céleste* [in *P1*]	VP	*La Vierge de Paris* [in *P2*]
MD	*Le Monde désert* [II]	W	*Wozzeck d'Alban Berg*

(L'utilisation d'une autre édition sera précisée en tête des notes de l'étude.)

USUEL

PJJ1... *Pierre Jean Jouve 1*, etc. (livraisons de la Série *Pierre Jean Jouve* de la Collection « La Revue des lettres modernes »).

Toute citation formellement textuelle (avec sa référence) se présente soit hors texte, en caractère romain compact, soit dans le corps du texte en *italique* entre guillemets, les soulignés du texte d'origine étant rendus par l'alternance romain / *italique* ; mais seuls les mots en PETITES CAPITALES y sont soulignés par l'auteur de l'étude.

À l'intérieur d'un même paragraphe, les séries continues de références à une même source sont allégées du sigle commun initial et réduites à la seule numérotation ; par ailleurs, les références consécutives identiques ne sont pas répétées à l'intérieur de ce paragraphe.

Le signe * devant une séquence atteste un écart typographique (*italiques* isolées du contexte non cité, PETITES CAPITALES propres au texte cité).

Précisons que les citations d'un texte non publié (dialogues de films, émissions radiophoniques, traductions personnelles, archives, collections privées) sont présentées en romain et entre guillemets.

Une séquence entre barres verticales *| | indique la restitution typographique d'un texte non avéré sous cette forme (rébus, calligrammes, montages, découpages, sites Internet).

Une séquence entre crochets [séquence] indique la transcription typographique d'un état manuscrit (forme en attente, alternative, option non résolue, avec ou sans description génétique).

> *« Ainsi, il va, il court, il cherche. Que cherche-t-il ? À coup sûr, cet homme, tel que je l'ai dépeint [...], toujours voyageant à travers ce grand désert d'hommes, a un but plus élevé que celui d'un pur flâneur, un but plus général, autre que le plaisir fugitif de la circonstance. Il cherche ce quelque chose qu'on nous permettra d'appeler la modernité ; [...]. »*
> Charles BAUDELAIRE[1]

COMME si la querelle des Anciens et des Modernes n'avait jamais pris fin, tout effort en vue d'établir une typologie de la modernité se heurte à d'innombrables écueils. En témoignent les diverses approches, parfois conflictuelles, qui ont requis ou requièrent l'acuité théorique de personnalités fort différentes. On songe ici à Henri Meschonnic, *Modernité modernité*[2], à Jean-François Lyotard[3], à Michel Leiris[4], Georges Balandier[5], sans oublier, parmi d'autres, Jean-Paul Aron[6] et Antoine Compagnon, dont le livre subtil, *Les Antimodernes — de Joseph de Maistre à Roland Barthes*[7], offre des hypothèses originales.

D'où partir ? Si l'on se place du point de vue de l'Histoire, débutera-t-on avec la révolution copernicienne ? Si l'on s'en tient au concept lui-même, essaiera-t-on de le cerner en se référant à la sociologie ? Auquel cas, il recouvrirait probablement l'avance vers des mutations qui ont triomphé d'un ordre, jadis fondé sur la naissance et ratifié de droit divin ? En passera-t-on par l'anthropologie, la mathématique, la physique quantique, nucléaire ? Non. Nous choisirons un tournant, celui qui fait glisser le XIXe siècle vers le XXe, moment où Pierre Jean Jouve naît à la poésie. Ensuite, nous nous limiterons à considérer les pratiques littéraires qu'il tenta d'ajuster avec la vie de son temps autant qu'avec ses idéaux, jusqu'à sa mort, en 1976, y incluant, cela va sans dire, l'essor de la psychanalyse.

Cependant, une question subsiste : est-il légitime de juger que la modernité appartient dorénavant à ceux qui, la prenant pour sujet de leur étude, lui confèrent une forme définie ? Oui. À condition que la définition puisse indéfiniment varier. Baudelaire n'a-t-il pas dit, en substance, que le mot *moderne* ne s'appliquait pas au temps mais à la manière ? L'ensemble des contributions ici rassemblées s'inscrit dans cette perspective. Entre la déclaration de Marinetti, en 1910 : « *Le passé est nécessairement inférieur au présent* »[8], et cette confidence de Julien Gracq : « *En littérature, je n'ai plus de confrères. Dans l'espace d'un demi-siècle, les us et coutumes neufs de la corporation m'ont laissé en arrière, un à un au fil des années* »[9], se placent, on le verra, une modernité propre à l'écrit, une quête de la littéralité, une recherche de son sens par rapport au langage, un désir pressant de lui assigner une finalité, le tout pris dans un courant — comme on dirait d'une eau vive — que certains ont su, un moment, capter. Pour Jouve, Baudelaire précisément. Ce qui ne signifie pas qu'on accordera à ce dernier un quelconque privilège ou une autorité souveraine. En revanche, l'art d'avoir su, véritable « phare », éclairer une notion ambiguë dont l'ambiguïté même demeure, on l'a dit, source de malentendus et de contradictions.

En dépit de ces contradictions ou, plutôt, en raison d'elles, on persiste à penser, quitte à rendre le propos un peu bref, qu'il faut baliser ce champ ouvert pour que la confusion n'y entre pas. Ou le moins souvent. Dans cet espoir, on se garde de ne pas mélanger les faux synonymes. La *modernité* n'est pas *modernisme*, ni actualité, ni mode, ni avant-garde, ni post-modernisme ou post-modernité. Elle ne souffre pas de comparaison. Elle ne présente pas de programme. À peine l'ébauche d'un projet, elle est *"work in progress"*. Roland Barthes l'a signalé : « [...] *elle commence avec la recherche d'une littérature impossible.* »[10]. Recherche, dit-il.

Second point : la modernité trouve son emblème en Janus, ce dieu romain auquel la légende prête un double visage que l'on voit sur des pièces de monnaie, Janus bi-frons. Une face scrute l'avenir où s'amassent les promesses. L'autre face rive ses yeux à un passé, bizarrement tout ensemble, aimé, haï. Le chassé-croisé débouche sur un second chassé-croisé. Il semblerait bien que puissent cohabiter une modernité de la continuité, qui ne veut renoncer ni à l'ancien, ni au nouveau, et une modernité rebelle, éprise des ruptures les plus radicales. Pierre Jean Jouve les a connues, tour à tour, dans l'ordre ou le désordre, au long de sa longue vie.

Une autre méprise consisterait à ramener la modernité du côté des seules trouvailles formelles. On se doit de les prendre en compte, mais s'y borner serait réduire abusivement ses ambitions. Maurice Blanchot ne s'y est pas trompé, qui affirme : « *Écrire, c'est mettre en cause son existence* [...]. »[11]. Le mot aurait convenu à Jouve, dès ses premières publications, autour de 1906, davantage encore, dans les années Vingt.

Tout en renvoyant au beau travail de Daniel Leuwers[12], on avancera qu'à ses débuts le poète se lance, tête baissée, dans diverses tentatives dont les premières seront publiées par la revue *Les Bandeaux d'or* où les écrivains de l'Abbaye ont leur part. Dès 1912, il prononce, à Poitiers, une conférence intitulée « Les Directions de la littérature moderne ». Il a vingt-cinq ans. Pendant plus de dix ans, il écrit. Tous ces textes, s'ils ne sont nullement négligeables en ce qu'ils font deviner ce que sera l'œuvre à venir, manquent évidemment d'unité. Le temps est à l'errance. Influencé par nombre de lectures éclectiques (Mallarmé, Huysmans, Lautréamont, Tolstoï et, naturellement, Baudelaire, le seul avec Rimbaud auquel il semble avoir été fidèle), il n'est pas moins inspiré par l'époque (Jean Moréas, Emmanuel Signoret, plus tard Romain Rolland). Ses incertitudes sont alors patentes.

Si modernité il y a — et il y a —, on en reste à l'écume. Tantôt elle se manifeste par l'élection d'un thème. Ainsi *Les Aéroplanes* (1911) :

La machine monte sur un dôme de cris
[...]
C'est quand ses roues ont bondi hors du gazon court
Qu'une angoisse inconnue de nos chairs
Les a creusées en tournoyant ; quand le grand corps,
Tendant l'or fixe de ses élytres
A quitté d'un coup notre monde [...]

(I, 1413)

Tantôt, elle se réfugie dans des élans unanimistes, apparents avec *La Rencontre dans le carrefour* (1911) (II, 1309 et sq.) ou dans le pacifisme très net de *Vous êtes des hommes* (1915). Là se situe, on le relève au passage, un curieux plaidoyer pour l'Europe qui passionne et tracasse encore le XXIᵉ siècle :

Peuples de France, Allemagne, Angleterre ou Russie,
Auxquels je joins d'autres peuples sains et libres
Qui poursuivent dans la paix leur innombrable vie.
Peuples, chers peuples !
Ne vous souciez pas de la langue, écoutez le
                              chant tout pur.
[...]
Ne tracez pas de frontière autour de ce chant
                              libre et franc.
Car c'est le chant qui prend naissance au fond des peuples ;

(I, 1540)

Ou bien elle surgit dans le néo-classicisme de l'École Romane, ici et là, au sein des *Muses romaines et florentines* (I, 1351). Le poète sent bien ses insuffisances. Dès 1910, il a tenté d'écrire un *Essai sur le nombre de l'Art* qui ne sera pas publié mais où se trace une voie claire vers les fondements d'une théorie neuve dont l'*élément* (le sujet, si l'on veut) et l'*ordre* (la *dispositio*) sont les piliers cardinaux. Il observe : « *L'art classique, c'est l'excellence des nombres* [...]. *Si le principe du lyrisme est compatible avec l'art rationnel et classique, il reste une condition à remplir, pour que sa forme ne dépasse pas les règles du réel.* » (1355-6).

Aussi respectables que soient ces essais, aussi désireux Pierre Jean Jouve fût-il, très tôt, d'aborder l'art poétique, ayant conscience de sa grandeur, on comprend ce qui le fait entrer, en

1924, dans une « Vita Nuova » (II, 1072). Et cela a, certes, rapport à la modernité si l'on pense, avec Meschonnic, qu'en premier lieu, celle-ci est un « combat ». La conclusion provisoire sera sans ambages. « *Combat sans cesse recommençant* » (p. 11²) pour celui qui, s'avançant vers la quarantaine, s'est vu entraîné « *dans un métier d'apparence autoritaire, qui n'était pas [le sien] et l'écartant de ses premières amours sans [le] guérir* » (II, 1066), désormais changé, mûri, plus fort. Parce qu'alors se détermine en lui la décision d'inaugurer et une vie personnelle différente et un autre exercice de l'écriture, résolument, Pierre Jean Jouve affiche la modernité de son esprit. Qu'en est-il après ?

Après, c'est-à-dire après le rejet de l'œuvre passée, il est difficile de trancher. *En miroir* (II, 1051 et sq.) dit l'essentiel mais se refuse aux détails. Par exemple, nul n'ignore que Jouve a été sensible aux sirènes du Surréalisme, qu'il a dû aussi éprouver de l'amertume devant la gloire d'un Gide ou d'un Valéry (1055). Il n'empêche. Le seul principe qui le guide se résume en ceci : « [...] *inventer sa propre vérité.* » (1068). Comment ? D'abord par un travail acharné sur le langage, qui n'a rien de désuet. Au contraire. On le redit : il ne s'agit pas ici de décréter, sans autre procès, que l'amour des formes, perceptible dans le goût du poète pour la musique ou la peinture, suffit à le pousser vers la modernité. Mais il en est un indice sûr.

Deux conséquences en découlent. Sans nulle hésitation le refus du réalisme, du psychologisme, voire de la psychologie, auxquels il substitue l'alliance du « *souvenir et [de] la fiction, sous un jour un peu faussé pour atteindre* au plus vrai » (II, 1086). Ensuite, on s'y attend, une coupure volontaire entre le monde des choses et celui des mots. Prévalence aux seconds. Et cela joue pour le roman comme pour le poème. Il s'ancre dans un parti pris, une foi accordée au traitement de la langue plus encore qu'au thème. Il écrit : « *Le monde en a par-dessus les épaules du naturalisme, du vérisme, du populisme et de toute cette monotone "réalité" et de ces "mœurs" et de ces "voyages".* » (1288). Par là, ce solitaire se rapproche de son ami Max Jacob : « [...] *j'ai horreur du naturalisme, du réalisme et de toute son œuvre qui ne vaut que par la comparaison qu'on peut faire avec le réel.*»[13].

Poètes, tous deux, comment pourrait-on nier qu'ils conduisent l'expérience moderne de la textualité, expérience qui débarrasse les œuvres des débordements obscurantistes pour les remplacer par le souci prégnant des origines? Et qui, du même coup, élimine mobiles et motifs par l'arrangement de vocables élus avec soin? Métaphores ou mythes chassent analyses et explications.

Lire Jouve c'est, bien entendu, affronter des tempêtes intérieures, plonger au fond de soi, mais, parallèlement, c'est accepter le frémissement des évidences, aimer les secrets, savoir se glisser parmi les images, flammes dans l'obscurité, taches de soleil dans l'ombre dense : «*La chambre étant bleue comme nous l'avons dit, les quatre fauteuils et les sept chaises sont rouge grenat. Le rouge et le bleu échangent des provocations terribles. Le rayon du ciel arrive et entre ces deux ennemis se fait un raccommodement provisoire, de nature mélancolique*» (II, 8), lit-on dans *Paulina 1880* et dans *Ode* :

> Tu n'es que page et vierge page enluminée de fortes neiges
> (Illusion la main et la vigne, illusion, fruits du tombeau)
> Tu n'es que page d'étoiles vierges [...].   (I, 844)

Vers quel horizon entraîne-t-elle cette femme-page sinon fort près d'un vide fondateur où toute écriture installe son espace? Espace où l'aspect du monde — et non le monde — appelle le lecteur. Jouve n'en disconvient pas qui, tardivement, déclare encore dans *Proses* : «*L'objet n'est rien et le désir est tout, même pas le désir mais la phrase du désir.*» (II, 1248).

Ainsi, sans que jamais le moment ne vienne de considérer les mots comme formant un système fermé, l'écrivain, à travers eux, éprouve le besoin d'éluder le morne réel, préférant la splendeur du simulacre, le dédoublement, la fragmentation, l'extériorité éparse. Toutes choses que George Steiner résume de la sorte : «*La vérité du mot est l'absence du monde.*»[14]. Cependant, pas de primauté absolue. Jamais Jouve n'a été attiré par ce que l'on

nomme la « poésie pure » ou le « roman pur ». Purs de quoi ?
Si « *le Verbe est autre* [...] *que la chose, autre que l'organe et
le sang* » (II, 1201), aucun contenu n'est éloigné, oublié, perdu. Au
cœur de *En miroir*, est revendiqué dans l'acte poétique « *une
perspective* religieuse — *seule réponse au néant du temps* »
(1069). Ailleurs, il se souvient : « *Le rôle était dans la transformation incessante de la matière personnelle. Or cette matière,
plus elle est personnelle, plus grande est sa proportion d'appartenance au monde entier.* » (1172). Qui ne voit là se dessiner les
contours d'une certaine altérité ? Même si cette altérité joue de
l'allégorie, même si l'on ne peut en saisir l'essence qu'au prix
de figures rhétoriques, parmi lesquelles, en tête, l'oxymore et son
cortège de pouvoirs : cohabitation tendue entre Dieu et le Diable,
entre la chair et l'esprit, la faute et le salut, la femme et le mépris
de la femme.

Sur ce dernier point, la conscience de l'altérité ou, dira-t-on,
d'une espèce d'étrangeté est flagrante. L'acquis des connais-
sances psychanalytiques, non point séduction d'un jour mais
découverte capitale pour Jouve, vient à l'appui de ce que l'on
avance. La femme, longtemps, tient d'une fascination terrifiée ;
elle provoque l'inquiétude et s'associe au Mal. Peu à peu, elle
autorise l'écrivain à se pencher sur l'ambivalence des êtres.
Nombreux sont les textes — on y aperçoit un ferment de la
modernité — où il semble habité par le fantasme de sa fémini-
sation possible. À preuve, « *Monstrum* » dans *Sueur de sang*
(I, 228) ou « *De plus en plus femme* » (273-4).

D'une autre manière, Jouve n'a cessé de redéfinir son rapport
à autrui, de réprouver les chimères d'une permanence ontologique. Son statut est à la mesure des temps troublés qu'il
traverse, reconnaît et dépasse, à la mesure du Désir et de la Mort
qu'il sait dire ou plutôt nommer, toujours présents au fil de sa
quête. Oui, la masse sémantique est à portée de sa main. Il s'en
sert et en use savamment. Non sans violence. Néanmoins, entre
un hiver qui commence et la beauté d'un matin de juin, il est
seul à déceler, lui, le poète, une mystérieuse connivence. Et
quand il s'interroge sur les rues d'aujourd'hui dans les quartiers

anciens, ses mots forcent la langue, ils sont à l'œuvre, ils travaillent et nous travaillent, ils nous précèdent, ils nous escortent. Nous, les lecteurs.

Pourtant, quel dédain envers ces lecteurs, certaines fois ! Par exemple, lorsqu'il prend ombrage de la moindre critique, de la plus simple objection : « *Il me semble qu'un artiste n'est comptable que devant lui-même. Le public, qui ne l'a point fait écrire, n'a rien à prétendre ; il n'a rien à imposer ni à exiger.* » (II, 1072). Faut-il, pour autant, écarter Jouve d'un débat inhérent à notre modernité, celui du rôle du lecteur, du *lector in fabula* cher à Umberto Eco[15] ? Ce serait une erreur. Après la colère orgueilleuse vient l'humble aveu : « *J'écris ce livre pour des gens qui ne connaissent même pas mon nom. [...]. Il n'y a [...] qu'un émerveillement propre, mais communicable, qui compte.* » (1171-2). Si l'idée que la lecture est un acte interprétatif, selon la tradition allemande de l'herméneutique, reformulée par Gadamer et repris par l'École de l'esthétique de la réception (avec Iser et Jauss), doutera-t-on que Jouve, ignorât-il ce parcours historique, n'en a pas moins désiré qu'on approfondisse ses livres, parce qu'ils contiennent une part d'implicite, de non-dit, arcanes qu'il nous faut mener à la lumière ? Ici, la paresse n'est jamais de mise. L'écrivain sollicite, demande, espère et, même, supplie, en empruntant à Apollinaire :

> Pitié pour nous qui combattons toujours aux frontières
> De l'illimité et de l'avenir   (II, 1191)

C'est un des points de vue commenté par Bruno Gelas. Il explique, en particulier, comment l'invention du regard préside tant au régime narratif des romans qu'au rôle du lecteur, à sa place dans l'œuvre. À sa suite, Mireille Revol-Cappelletti souligne l'importance de la psychanalyse qui permet à Jouve d'aboutir à une *modernité toute personnelle*, tandis que Michael G. Kelly centre son étude sur la poésie — exemple canonique pour une construction du lyrisme autour du drame d'un sujet qui se recompose consciemment dans et par l'acte d'écrire. Marque d'une modernité que Géraldine Lombard retrouve dans le motif de la *beauté*. Citant Henri Meschonnic, elle conclut : « Il n'y a pas de sens unique de la modernité, parce que la modernité est elle-même une quête du sens. » Parallèlement, mais de façon très différente, Béatrice Bonhomme et Léa Coscioli abordent la continuité de Jouve. L'une à travers les ouvrages de Salah Stétié : « Ma conviction est que Jouve reviendra avec force dans les années qui viennent où il nous faudra [...] donner des justificatifs à notre être », soutient ce poète contemporain dont on ne peut qu'approuver les certitudes. L'autre, en proposant un *essai de lecture* fondé sur la pensée de Lacan.

Enfin, proche du sujet choisi, toutefois l'envisageant sous un angle plus aigu, Guillemette Roy s'intéresse aux jeux d'échos dans *Hécate* dont l'héroïne, Catherine Crachat, incarne, à coup sûr, tous les visages de la femme moderne.

Au-delà des raideurs de certaines positions critiques, ces approches dessinent, avec finesse et clarté, un paysage de la modernité ou, si l'on suit Antoine Compagnon, le vrai lieu des *Antimodernes* — dans lesquels il veut voir des « *modernes en liberté* » (p. 16[7]). Chacune d'entre elles, en effet, pour citer un titre d'Arthur Schnitzler, *Der Weg ins Freie*, s'engage sur le chemin de la liberté.

Christiane BLOT-LABARRÈRE

1. Charles BAUDELAIRE, *Critiques d'art* (Paris, Gallimard, 1992), « Le Peintre de la vie moderne », p. 354.

2. Henri MESCHONNIC, *Modernité modernité* (1988) (Paris, Gallimard « Folio essais » 234, 1993).

3. Jean-François LYOTARD, « Du bon usage du post-moderne », *Magazine littéraire*, n⁰ˢ 239-240, mars 1987.

4. Michel LEIRIS, « Modernité modernité », *La Nouvelle revue française*, n⁰ 345, 1ᵉʳ oct. 1981, pp. 96–106.

5. Georges BALANDIER, *Le Détour — pouvoir et modernité* (Paris, Fayard, 1985).

6. Jean-Paul ARON, *Les Modernes* (Paris, Gallimard, 1984).

7. Antoine COMPAGNON, *Les Antimodernes — de Joseph de Maistre à Roland Barthes* (Paris, Gallimard, « Bibliothèque des idées », 2005). Et n'oublions pas Michel RAIMOND, *Éloge et critique de la modernité, de la Première à la Seconde Guerre mondiale* (Paris, P.U.F., 2000).

8. « *Nous renions nos maîtres les Symbolistes, derniers amants de la lune* » (MARINETTI cité in Giovanni LISTA, *Marinetti* [Paris, Seghers, 1976], p. 180 et sq.).

9. Julien GRACQ in *Le Monde*, 5 févr. 2000, p. 14.

10. Roland BARTHES, *Le Degré zéro de l'écriture* (Paris, Seuil, 1953), p. 33.

11. Maurice BLANCHOT, *La Part du feu* (Paris, Gallimard, 1949), p. 33.

12. Daniel LEUWERS, *Jouve avant Jouve ou la naissance d'un poète* (Paris, Klincksieck, 1984).

13. Voir *Aujourd'hui 1917–1929* suivi de *Essais et réflexions, 1910–1916* (Paris, Denoël, 1987) où est cité ce texte de Max Jacob : « Lettre du 23 décembre 1913 à Smirnoff », p. 117.

14. George STEINER, *Réelles présences* (Paris, Belfond, 1989), p. 125.

15. *Lector in fabula* : tel est le titre choisi par Umberto Eco pour son livre publié en 1986 (Paris, Grasset, « Figures »).

I

MODERNITÉ DE PIERRE JEAN JOUVE

1

LE DÉPLACEMENT DE LA LECTURE

DANS LES ROMANS DE JOUVE

par Bruno GELAS

Il y a deux façons de penser la modernité. On peut la prendre dans son acception chronologique : celle du nouveau qui succède à l'ancien, du contemporain au passé, de l'aujourd'hui à l'hier — et les remises en cause développées par toute « poésie moderne » s'inscrivent alors dans l'histoire continue des thèmes et des formes, et de leur renouvellement. Mais on peut, aussi, évoquer l'impératif catégorique de Rimbaud : « Il faut être absolument moderne » ; la rupture absolue qu'il désigne ne renvoie plus à une opposition diachronique, mais à une faille profonde qui passe à l'intérieur du sujet : « *Que l'artiste travaille pour autrui, soit ; il travaille d'abord contraint et forcé, [...] et non pas pour lui, mais pour l'autre qu'il contient.* » (II, 1161).

C'est l'acception métaphysique — ou morale — par laquelle Sade, Lautréamont, Baudelaire, Mallarmé ou Rimbaud ne sont pas des précurseurs, au regard des poètes des années Vingt et Trente, mais des références capitales, et modernes éternellement. Dans un cas, la modernité est une nouveauté qui peut même devenir une révolution ; dans l'autre elle est une prise de conscience en même temps que l'affirmation d'une valeur. Dans un cas, elle s'affirme par l'œuvre : c'est la bataille de *Hernani* ; dans l'autre, elle est contrainte de s'établir dans l'ordre théorique, et de ne concevoir une œuvre qu'avec et par l'interrogation qu'elle suscite : « *L'éclatement du langage littéraire a été un fait de conscience non un fait de révolution.* »[1].

C'est dans la tension de cette double « modernité » que se situe Pierre Jean Jouve. On sait combien il était soupçonneux, et ironique, à l'encontre de « *[l]'art qui s'arrange avec les intérêts de la mode du jour* » (II, 1161) ; et combien il se scandalisait de la « *recette, insolente et flatteuse, de perversité et de facilité, que l'on propose sous le nom d'Art* ». Il rejette à ce titre, dans le même *Journal sans date*, « *[c]inéma, peinture abstraite et musique concrète [qui] n'ont plus aucun rapport avec l'œuvre d'art* » (1125) du fait de leur compromission avec le « *mécanique* » et le « *technique* ». De là, reconnaît-il lui-même, la dérive qui l'éloigna « *peu à peu et déjà définitivement de tous les mouvements littéraires* » (1165) de son temps, à commencer par les Surréalistes : « *On voit assez ce qui, à l'époque, m'opposait aux productions surréalistes. Je n'acceptais, ni l'emploi du mécanisme de l'automatisme verbal pour lui-même, ni la fabrication de fantômes plus drolatiques que réels, ni l'exploitation publicitaire de l'inconscient.* » (1078).

Or c'est le même Jouve qui évoque à maintes reprises la modernité *absolue* qu'a introduite la psychanalyse. Il évoque, dès 1932, dans un texte liminaire à la première édition des *Histoires sanglantes* « *[c]es grandes découvertes qui dépasseront de beaucoup en importance celle des continents et l'invention des machines* » et qui « *ont eu leur Christophe Colomb qui se nomme Sigmund Freud* » (II, 1291) ; et la préface à *Sueur de sang*, trois ans plus tard, s'enthousiasme à l'idée de l'invention d'un nouvel homme, définitivement moderne : « *[...] l'homme moderne a découvert l'inconscient et sa structure [...] la face du monde de la Faute, je veux dire du monde de l'homme, en est définitivement changée. On ne déliera plus [...]. Rien ne nous fera plus oublier [...]. L'homme est aujourd'hui plus grand [...].* » (I, 196-7).

Le propos n'est pas, ici, de reprendre le détail de ce que représente, pour Jouve, cette radicale redistribution des cartes de l'humain, mais de marquer comment le déplacement du rapport à l'Art qu'elle a provoqué en lui est précisément ce qui fonde, aujourd'hui encore, la modernité de sa démarche créatrice, telle qu'elle apparaît à travers ses romans, dans la foulée de cette rencontre décisive. Car c'est bien de déplacement qu'il s'agit. Sans doute l'écrivain et son épouse ont-ils, en leur temps, joué un rôle essentiel dans la vulgarisation de Freud auprès d'un public d'artistes et de lettrés non introduits aux arcanes de ces recherches. Acculturation, pourrait-on dire, marquée par une suite de textes engagés sous le double registre du manifeste et du manuel[2]. Mais ce zèle culturel ne se laisse pas assimiler, côté création, à une ardeur de néophyte qui en attendrait une nouvelle matière à appliquer à l'œuvre d'art. Moins qu'à des énoncés ou des propositions susceptibles de renouveler la représentation de la sexualité, des pulsions ou de la mort, Jouve s'attache à une nouvelle position énonciative, que la psychanalyse lui a proprement révélée :

L'homme, pour la première fois, se regarde lui-même. Jusqu'ici il avait l'intention du regard, et jamais le regard, car il se tenait toujours sur le point d'où l'on ne peut pas regarder ; comprenant l'urgence du regard sur lui-même, il croyait posséder le regard, mais il n'avait en somme que le retour de l'a priori sur lui-même ; tant il est vrai que l'intelligence ne peut donner que de l'intelligence [...]. (II, 1290)

Invitation à se tenir au *point d'où l'on peut se regarder* : cette promotion, voire cette invention du regard préside aussi bien à la conception jouvienne du personnage qu'au régime narratif adopté dans ses romans et à la place qu'ils assignent au lecteur.

De fait, le premier monologue de Paulina, au seuil du bal de ses dix-huit ans et de sa rencontre avec Michele Cantarini, se tient devant son miroir : elle y associe souvenirs, rêves et auto-portrait, et y éprouve une ivresse commune à regarder ses seins et son âme (« *Je suis pleine de contradictions* » (II, 33)). Lui fait écho celui de Jacques de Todi dans sa traversée initiale de la Bella Tola : même errance rêveuse entre les trois repères du temps, même plaisir à son corps et à son cœur (« *Je peux dire que je suis un drôle de produit* » (236)) ; ou celui de Catherine, également blessée par la contradiction de son nom, et cherchant *"l'homme-tombeau"* (II, 414) — l'homme-miroir ? — qui lui permettra de dire sa souffrance : le retrouve-t-elle, au début de *Vagadu*, dans le cabinet de l'analyste, « *Lui derrière elle et elle devant lui* » (607) ? Et Léonide, encore, s'attardant dans la contemplation du val de la Bondasca, du cimetière de Sogno, jusqu'à éprouver, au sein de ce « *paysage peint, un tableau véritable* » (963), « *un grand sentiment de culpabilité, sur la prairie* »... Tous les récits jouviens, au moins juste avant la rencontre capitale qui va en déclencher l'intrigue, s'ouvrent sur une mise en abyme autoréflexive du personnage, attaché d'un même regard à ce qu'il voit au dehors et à ce qu'il voit au dedans. Et quand il advient, comme dans *Paulina 1880* ou *Hécate*, que des chapitres préalables ont retardé, ou préparé, cette entrée monologale dans l'aventure, ces derniers sont eux-mêmes placés sous le regard d'un personnage narrateur qui nous guide dans la chambre bleue, ou qui se présente — « *je me souviens bien* » (407) — comme témoin oculaire de la passade de l'actrice avec un monsieur brun.

Le ton est alors donné, à l'instar d'une clé musicale. La plupart des événements majeurs qui vont, à partir de là, scander les romans seront perçus comme mise en scène d'actes auxquels « assiste » le personnage qui les accomplit. On suit aisément, dès *Paulina 1880*, le cours récurrent de cette mise à distance de l'événementiel au profit de son évocation rêveuse : après la scène du bal, écrite rétrospectivement, la première nuit partagée avec Michele voit sa force narrative désinvestie, en quelque sorte, par l'alternance de l'imparfait du narrateur et du monologue de l'héroïne, « *ses yeux follement noirs fixés devant elle* » (II, 58). C'est encore l'effet du journal des chapitres de « Visitation », du monologue de Paulina contemplant le cadavre de son amant, ou de cet étranger ultime par le regard duquel — comme au début dans la chambre bleue — nous voyons s'effacer la vieille femme de Sottignano. Ce débrayage spéculaire et énonciatif prend, selon les cas, la forme privilégiée du récit rétrospectif (« *Voici l'événement tel qu'il se passa intérieurement à moi. Je retrace tout.* » (432), confie Catherine au moment d'évoquer la scène de la rupture avec Pierre), ou celle d'une véritable mise en spectacle de la scène, allant même — comme dans le rêve — jusqu'à l'exhibition de documents aux yeux de l'interlocuteur-lecteur : la croix tracée par sœur Blandine à l'initiale des pages de son Journal, les lettres montrées par Catherine à *"l'homme-tombeau"* (II, 435), le billet de la Redoutensaal reproduit sur la page (540), les lettres de l'affiche annonçant le dernier film de Catharina (598)...

Cette primauté accordée au regard, non en tant qu'acte mais en tant que médiateur par lequel les actes sont mis en scène et réfléchis (dans les deux sens du terme), se développe ainsi en étroite solidarité avec le privilège accordé au récit rapporté, avec toutes ses variantes — récit enchâssé, confidence, lettres... Car le recul opéré par ce dernier est, dans l'ordre de la voix narrative, ce que la distance du regard et du miroir (c'est le mot retenu par Jouve pour qualifier son *Journal sans date*) est dans celui de la représentation. Le paradoxe immédiat de ses romans tient à l'écart qu'ils cultivent entre une intrigue qui en rajoute sur les rebondissements les plus romanesques, et le sentiment, éprouvé par le lecteur, d'une ligne narrative extrêmement pure, sinon ascétique. C'est que les détours et soubresauts de la première ne cessent de s'inscrire dans une voix qui les écoute plus qu'elle ne les raconte, une attention qui les regarde plus qu'elle ne les agence : à l'instar de Bernanos, de Duras ou des meilleurs moments de Dostoïevski, Jouve se soucie peu de la plausibilité causale et réaliste qu'apporte la psychologie pour expliquer les comportements ou les pensées des hommes. Le «*fort désir de "réel"*» (II, 1085) qui l'engage dans l'écriture du roman est à mille lieues de tout souci de réalisme, puisqu'il attend de la sollicitation du «*souvenir et [de] la fiction, sous un jour un peu faussé*» (1086) non pas un surcroît de vraisemblable, mais la possibilité d'atteindre au *«plus vrai»* de lui-même. Quand il plaide pour une «*efficacité*» de ses personnages, le mot dit assez que c'est à leurs *effets* qu'il pense, bien plus qu'à l'*explication* historique imaginaire de leur mal-être : attaché à une approche spirituelle de l'humain, il tient à se dégager de toute emprise des modèles psychologiques, quitte à se voir reprocher par un critique le caractère peu « probant » de l'héroïne de *Hécate* (1089).

C'est d'abord là, dans ce retournement de la caractérisation psychologique, que se lit sa rencontre avec le freudisme, dont il rejoint l'intuition fondatrice, qui confie à un dispositif interlocutoire la charge que la parole ait des *effets* sur celui qui parle. Or, un tel cadre énonciatif est omniprésent dans les romans de Jouve : *"l'homme-tombeau"* qui permet le récit de Catherine ou qui, sous les traits de M. Leuven, impulse *Vagadu* sans jamais vraiment y intervenir, se retrouvait déjà dans l'interlocuteur muet des récits de Baladine, dans le destinataire inconnu du journal de sœur Blandine, dans le rôle même de Catherine comme auditrice du récit de Fanny Felicitas. Et ne trouve-t-on pas l'écho d'une telle présence interlocutoire, au terme de *Dans les années profondes*, quand Hélène morte va permettre à Léonide-Jouve d'enfin (re)devenir poète ? Parler de personnages narrateurs devient alors presque une tautologie, tant il semble avant tout importer qu'il y ait des narrataires, seuls à même d'autoriser les récits fiévreux qu'ils ont besoin de leur tenir. Schéma renouvelé d'une véritable inspiration, puisque c'est de l'écoute de l'autre qu'ils attendent de pouvoir parler[3] : il faut peut-être la fiction d'un interlocuteur — ou d'une interlocutrice — pour atteindre le point d'où l'on peut se regarder :

Il s'agit aussi de ranimer l'idée d'inspiration, sans prendre garde au décri tombé sur elle. Inspiration, un pouvoir occulte d'écouter et de recevoir, de saisir et d'accorder *parfois* des éléments inconciliables : la vision d'autant plus précieuse et aimée qu'elle est plus fréquente, la langue d'autant plus méritante qu'elle est plus rare. (II, 1080)

On comprend alors que ce soit sous le double sceau de l'intensité et de l'intimité que s'énoncent les romans de Jouve, et que le lecteur y soit appelé à cette place d'écoute et de muet confident que dessinent pour eux les destinataires intérieurs des récits. L'étranger de Sottignano, le Je qui rejoint Catherine à la sortie de l'Opéra, dans l'épilogue de *Hécate*, renvoient assurément à l'écrivain venant saluer, au terme de ses livres, ces « *personnages vivants, aussi intenses que possible et empruntant leur réalité très étroitement à [son] expérience vécue, qui devaient projeter [...] quelques-uns de [ses] thèmes ou [ses] problèmes dans leur existence apparente* » (II, 1085). Mais ils convoquent aussi, en de très belles et émouvantes métalepses narratives, la figure même du lecteur (Jouve écrivant n'est que le premier d'entre eux) prenant congé de celles qui l'ont *sollicité* au long des pages. Au-delà de ces acmés finales, la constance qu'a le texte à mettre en scène et à modaliser sa propre lecture est un des signes majeurs de la modernité persistante de cette œuvre romanesque. Car cette mise en scène et en texte a un enjeu, où se retrouvent à nouveau les traces de la rencontre de son auteur avec la psychanalyse. Freud et ses successeurs n'ont en effet cessé de se démarquer de la tentation symboliste immédiate qu'a provoquée de tout temps l'interprétation des rêves, en insistant sur le fait que l'objet d'écoute de l'analyste n'est pas le contenu du rêve mais le déroulement de son récit. Question d'effet de la parole, là encore : ce n'est pas l'énoncé du rêve qui importe, c'est ce que provoque son énonciation :

[...] il faut exiger que le rêve soit *vrai*. Le procédé littéraire s'inspirant des réalités oniriques n'a aucune valeur. [...] Le rêve sera vrai quand il concordera, *dans le sentiment le plus profond de l'auteur, donc aussi du lecteur*, avec le possible du personnage et le déroulement de sa nécessité.

(« Commentaire à *Vagadu* » ; II, 1289)

La difficulté qu'il peut y avoir à lire *Vagadu* tient en grande partie au malentendu avec lequel on aborde habituellement, de manière linéaire et causale, la signification des rêves dans un récit. Or, ceux qui en scandent en l'occurrence le déroulement n'*expliquent* rien du personnage : ils se contentent de le faire *résonner* — et, ce faisant, peu à peu le transforment et l'apaisent : « *Encore une fois, tout ceci n'a rien à faire avec la logique. [...] Un personnage n'est jamais qu'un morceau intime de nous-même, et toute œuvre, quelle qu'elle soit, est une confession qui subit une métamorphose.* » (II, 1289).

Métamorphose qui n'a lieu que parce qu'il y a confession... Ce que systématise par les rêves le deuxième volet de *Aventure de*

Catherine Crachat n'a jamais cessé d'animer la démarche de Jouve romancier-poète, qui ne se prête vraiment à lecture que dans le jeu d'un perpétuel contrepoint : il y a les aventures (passées) de Paulina, de Baladine, Jacques et Luc, de Catherine ou de Léonide ; et il y a, chaque fois recommencée, l'aventure (présente) de leur narration et de son enjeu. La seconde ne va pas sans les premières, mais celles-ci n'ont de finalité pour le personnage, de lisibilité pour le lecteur, qu'ordonnées à l'efficacité de celle-là.

Reste à savoir de quelle efficacité il s'agit. Qu'attendent-ils donc, tous et toutes, de leur récit ? Qu'en attend Jouve les lisant-écrivant ? Et leurs auditeurs fictifs ? Et le lecteur bien réel ? C'est peut-être Joë Bousquet qui nous apporte la réponse la plus fine et la plus juste, dans une lettre à Paul Éluard, où il évoque la longue période de stérilité créatrice qu'il vient de traverser, et dont l'ont fait sortir son acharnement et le dialogue de lecture qu'il entretenait en même temps avec l'œuvre de son correspondant :

La fièvre, l'ombre sur mon esprit de l'infection viscérale, l'abolition de tout rythme dans mon corps détruit [...], pour la première fois depuis que j'écris, ont cédé un peu devant mon obstination, ont permis qu'au terme d'une bien rude épreuve, je devienne *celui qui dans ma voix m'écoute*. Ce que j'écrivais m'a, enfin, pris par la main [...].[4]

Qu'il s'agisse des « moments d'une psychanalyse » ou des chapitres d'un roman de Jouve, l'aventure du récit adressé ne vise nul autre effet que cet avènement à soi-même dans la parole : devenir « celui qui dans ma voix m'écoute », trouver le point d'où je peux me regarder. Peu de textes le manifestent aussi vivement que le trajet de *Dans les années profondes*, où le fil du drame d'amour, de désir et de mort se révèle à la fin comme la matière *événementielle* tortueuse qu'il a fallu traverser pour que, tel Luc aux dernières pages de *Le Monde désert*, Léonide naisse à sa propre voix (« [...] *le premier rôle d'Hélène était de m'avoir mis au monde.* » (II, 1049)). Mais cet *avènement* n'a été possible que par un travail sur lequel se centre entièrement le dernier chapitre, et qui consiste à doubler la place d'acteur du récit par celle de *lecteur* de ce même récit. Et de lecteur apte à le lire autrement que selon le déroulement de ses épisodes. Lire, lier : la résonance que nous évoquions plus haut à propos des rêves prend ici toute son ampleur, unissant Hélène, la Femme Noire et Léonide lui-même : « [...] *je sentais des choses confuses se recréer, qui cherchaient un nom, des noms, qui de l'intérieur de la pensée allaient trouver leurs noms magiques et se précipiter au-dehors. [...] une patience, nouvelle et profonde, se formait aussi...* » (1049-50).

Apprendre à lire (à écouter, à écrire, à se raconter à quelqu'un...), c'est ainsi éprouver la patience du sens, qui n'adviendra que si l'on accepte de s'ouvrir à un réseau suffisant d'images et d'échos. Aussi bien la révélation finale de Léonide n'est-elle que le terme de son *autre* aventure, qui commençait dès les premières pages par sa description du val de la Bondasca, suffisamment lente, suffisamment patiente et attentive pour qu'elle en fasse naître Hélène. Rien n'illustre mieux la double ligne de lecture à laquelle s'offre ainsi sans cesse le roman jouvien que le traitement du motif de la Chevelure : successivement admirée, envoûtante, effleurée, embrassée, déplacée jusqu'à la toison du sexe, elle scande les « moments » majeurs du récit du désir ; mais elle est en même temps ce qui convoque — et autour de quoi s'ordonnent, comme en une harmonisation progressive — les paysages et les rêves, les regards et les lieux, les ombres et le soleil. Métonymie et métaphore. Son rôle narratif cesse avec la mort de l'amante ; son pouvoir de résonance se retrouve entier dès les premiers poèmes de *Matière céleste* :

> Répandant des soleils par les traces de tes yeux
> Et les ombres des grands arbres enracinés
> Dans ta terrible Chevelure celle qui me faisait délirer.
>
> (« *Hélène* » ; I, 282)

On comprend alors que Jouve ait opté dans ses romans pour un régime narratif qui procède par succession de *scènes* plutôt que de s'attacher au continuum de l'action, et qui, en quelque sorte, *décrive* les événements plus qu'il ne les raconte. Tout son art des titres et du chapitrage y tend. Outre que ce choix répond à la logique du récit rapporté tel que nous en avons vu les enjeux, il réfère à une désignation psychanalytique de l'inconscient qui appelle à une lecture paradigmatique des œuvres, et renforce l'idée, centrale chez l'écrivain, selon laquelle il ne cesse d'interroger la même « scène » à travers des histoires différentes : « *Tous les drames et romans du monde reproduisent en somme un seul drame — l'intégration dans la vie d'une "scène capitale", chaleureuse et magique, compliquée d'incidents divers.* » (II, 1127).

Privilégier l'écriture de la scène relève donc d'une esthétique de l'intensité, fondée sur la *variation*, dans l'acception musicale du terme. Elle éclaire la conception qu'a Jouve de ce que l'on désigne habituellement sous l'expression d'univers des personnages. Loin de toute velléité de concurrencer l'état civil, il les pense de plus en plus, au fil de ses romans, comme autant de visages, de virtualités, voire d'émanations de l'héroïne principale. D'où l'importance, si souvent relevée, des doubles, des contraires et des complémentaires (Paulina/sœur Blandine, Luc/Jacques, Catherine/Catharine, mais aussi Catherine/Fanny, Catherine/ Flore), qui culminent dans *Vagadu*, où chaque personnage ne vaut, pour ainsi dire, que comme aspect particulier de Catherine. Marque, là encore, de ce qui l'a fasciné dans l'approche psychanalytique des rêves, et qui se retrouve dans la ronde des acteurs surgissant au fil des « Moments d'une psychanalyse », déclinant, sur la scène de l'inconscient, l'évolution du conflit intérieur de Mlle H... Au fond, Jouve traite les personnages comme les paysages (c'est pourquoi il les *décrit* les uns comme les autres) : dans un système d'échos et de reflets, de répétition-variation, par lequel ils se prêtent à être lus en termes freudiens de déplacement/substitution, de métonymie *et* de métaphore : « *La tendance du poète est de faire le personnage unique, le personnage symbole. Autour de lui gravitent des éléments nécessaires, mais pas une société.* » (II, 1089).

L'écriture de la scène permet ainsi de lutter contre l'impatience narrative, toujours plus ou moins soumise à l'emprise du *suspense*. C'est l'autre paradoxe de ses romans : proposer au lecteur des histoires pour qu'il apprenne à s'en déprendre, comme Catherine apprend à se détacher des multiples scénarios qui, de son enfance à son amour perdu, la figeaient dans la détresse. Et comme Jouve, peut-être, quand il cesse d'écrire des romans pour entamer le long deuil des figures et des drames qui convergeaient en Hélène. En ce sens, les derniers chapitres ne sont pas seulement la mise en scène de l'adieu de l'écrivain et du lecteur au personnage : ils sont aussi une invite à congédier la ligne narrative du récit, à assumer son désintérêt pour une aventure qui n'avait de sens qu'à être dite. Récits qui aménagent lentement l'*épochè* de la représentation, et visent à leur propre effacement : même la Petite finit par s'évanouir et disparaître quand Catherine n'a plus rien à lui dire, et se contente de lui envoyer des doigts un baiser ; et une fois Hélène morte et Baladine disparue, à quoi bon visiter la tombe de l'une ou chercher à retrouver l'autre, puisque la parole — qui soutenait leurs aventures — les attend maintenant dans le poème ?

Jouve, en somme, a appris de Freud la passion de la lecture, entendue comme l'art d'attendre le moment où les signes feront, sinon sens, du moins effet. Et il a aimé, avec Léonide, cette attente : « [...] *lorsque je resonge à cet état qui eut besoin de tout son temps — je bénis, je bénis la vie que cet état de paresse ardente ait existé* [...]. » (II, 1030). Dans *Sueur de sang*, paru l'année même où fut publié son dernier roman, ce thème de l'attente d'un avènement capital imprime toute la suite des poèmes dédiés au Cerf et à la complicité fiévreuse qui lie le chasseur aux aguets à la mort de l'animal :

> Si vous cherchez le cerf, il faut vous recueillir
> Pelotonné dans la chaleur de l'unité
> Secrètement à genoux avant l'aube
> Sans haleine dans l'épaisseur des montagnes
>
> Être anxieux, subtil, et terrible et rusé
> Prêt à tout, nécessaire
> Et doux comme une femme
> C'est donc entrer nu dans votre destinée, (I, 216)

Le paradigme de ce « recueillement » est aussi bien celui auquel convoquent et sont eux-mêmes convoqués les personnages des romans. Ce dépouillement de tout imaginaire de soutien au profit de la seule « *bataille subtile habile de vos désirs* » (I, 217), cette suspension du lecteur en attente qui évoque une antériorité secrète et douce comme une femme, cette naissance donc, est entièrement ordonnée à l'instant de mort où il sortira du récit — et donc du drame —, au point mystérieux (le chasseur n'en sait ni le jour ni l'heure) où :

> [...] finalement
> La balle ce sera votre ultime désir
> [...]
> Tandis que le sang très sombrement vous récompense.   (I, 217)

Le théâtre de l'inspiration est ainsi le cérémonial qui permettra une fécondation de la parole par la mort. Nul doute que c'était aussi elle qui s'épelait et s'apprenait peu à peu dans la mise à distance narrative, dans le jeu d'extériorité et d'intériorité du récit-confidence (Catherine cherchant d'emblée un *"l'homme-tombeau"*), dans le retour et l'insistance de la « scène ». Par la place qu'ils prennent dans l'évolution de l'œuvre de Jouve, mais aussi dans leur mouvement propre chaque fois répété, les romans conduisent du même mouvement à la mort et au poème.

Le dernier mot du rapport de l'homme au discours qu'il ne connaît pas, c'est la mort. Il faut aller en effet jusqu'à l'expression poétique pour découvrir jusqu'à quelle intensité peut être réalisée l'identification entre cette prétérité voilée et la mort en tant que telle[5].

---

1. Roland BARTHES, *Le Degré zéro de l'écriture* (Paris, Seuil, 1953).
2. « Commentaire à *Vagadu* » (1931), « Considérations sur le sujet des *Histoires sanglantes* » (1932), « Moments d'une psychanalyse » (1933), « Inconscient, spiritualité et catastrophe » (1933), « La Faute » (1938).
3. Lacan a longuement repris ce thème : « *Nous montrerons qu'il n'est pas de parole sans réponse, même si elle ne rencontre que le silence, pourvu qu'elle*

ait un auditeur, et que c'est là le cœur de sa fonction dans l'analyse. »
(*Écrits* [Paris, Seuil, 1966], « Fonction et champ de la parole et du langage en psychanalyse », p. 247).

4. Joë BOUSQUET, lettre du 1er févr. 1938, citée in Paul ÉLUARD, *Lettres à Joë Bousquet* (Paris, Les Éditeurs Français Réunis, 1973), p. 104.

5. Jacques LACAN, *Le Séminaire, livre II : Le moi dans la théorie de Freud et dans la technique de la psychanalyse* (Paris, Seuil, 1978), p. 245.

2

JOUVE OU LES ENJEUX DE LA MODERNITÉ

par Mireille REVOL-CAPPELLETTI

> *« À moi qui cultivai contre cent impostures*
> *Un arbre seul et deviné et vu grandir,*
> *Que toujours soit donnée une langue inventrice*
> *L'interrompu l'irrationnel et le niant,*
> *Et tant que le lourd souffle, aiguisée et très neuve*
> *L'ascèse ! avec abstraction des profondeurs.*
> *Je ne veux de cloison avec l'œuvre ni l'âme*
> *D'aucun son créateur au gouffre de mon temps. »*
> *(Pr ; II, 1270)*

TROP longtemps la modernité n'a été définie que par l'efficacité de la rationalité instrumentale, la maîtrise du monde possible par la science et la technique. Cette vision rationaliste ne doit en aucun cas être rejetée, car elle est l'arme critique la plus puissante contre tous les holismes, tous les totalitarismes et tous les intégrismes. Mais elle ne donne pas une idée complète de la modernité ; elle en cache même la moitié : l'émergence du sujet humain comme liberté et comme création. Il n'y a pas une figure unique de la modernité, mais deux figures tournées l'une vers l'autre et dont le dialogue constitue la modernité : la *rationalisation* et la *subjectivation*[1].

Nous retiendrons ici cette définition de la modernité que propose Alain Touraine, modernité considérée comme une attitude intellectuelle, sorte de condition qualitative qui répond à certains critères tels l'attention à son époque et à ses nouveautés scientifiques (et autres), la tendance à la rupture, la prédominance du sujet, la recherche constante de nouvelles formes d'expression : seule cette définition permet en effet une approche véritable de l'œuvre de Pierre Jean Jouve sous ce biais. Œuvre qui couvre soixante années du XXe siècle et offre des aspects divers (et même divergents), toujours sous le signe d'une recherche constante au niveau formel et personnel. Un détour par ses écrits plus ou moins théoriques (avant-propos, commentaires, *En miroir. Journal sans date*) pourrait en outre s'avérer utile pour appréhender le concept de modernité du propre point de vue du poète et surtout pour comprendre si selon lui une certaine modernité peut être retenue au nombre de ses critères créatifs ; en somme s'il se considérait ou non comme un « moderne ». Si l'œuvre de Jouve se scinde en deux moments, puisque, dans les années Vingt, il renie tous ses écrits antérieurs, sa première période (magistralement restituée année par année par Daniel Leuwers dans son *Jouve avant Jouve ou la naissance d'un poète*[2]), rentre dans notre propos en ce qu'elle permet de suivre les pérégrinations artistiques d'un jeune poète qui se cherche et surtout d'observer son attitude envers ses contemporains et le brusque changement qui s'opère au moment de la rupture.

Jouve et son époque

Lorsqu'au tout début du siècle (1906) Jouve commence à s'intéresser à la littérature, le panorama qui s'offre à lui est marqué par le néo-symbolisme de Verhaeren et de Maeterlinck : la première production du jeune poète portera cette empreinte. Mais rejetant la tentation passéiste, Jouve, intéressé un moment par le néo-classicisme de Moréas, va passer très rapidement d'un courant à l'autre, avant de se tourner résolument vers les jeunes écrivains de son époque, Jules Romains, Georges Duhamel et Vildrac en particulier, et de se rapprocher temporairement de l'Unanimisme (1910-1911). Il sera ensuite influencé par l'art social cultivé par son ami Jean-Richard Bloch ; mais, déconcerté par le revirement de ce dernier qui participe à la Première Guerre mondiale, il va choisir le pacifisme et se lier d'une profonde

30

amitié avec Romain Rolland, allant jusqu'à s'exiler en Suisse auprès de lui. Il est remarquable qu'à chacune de ces étapes correspondent un ascendant et une amitié qui ont duré plus ou moins longtemps et que l'ensemble donne vie à une production littéraire allant de la poésie au théâtre en passant par la prose, production qui constituera le corpus de l'œuvre reniée. Cette première période montre un homme qui cherche sa voie à travers une tentative d'intégration à son époque et à certains courants qui, pour la plupart, manifestent un intérêt envers l'humanité.

Toutefois Jouve n'est pas seulement attiré par la dimension humanitaire puisqu'en 1912, il prononce une conférence intitulée « Les Directions de la littérature moderne » dans laquelle il proclame « *qu'il n'est pas d'art sans nouveauté, sans décou-verte* » (cité p. 69[2]). Ce qui dénote l'attention prêtée à l'esthétique entendue comme recherche selon l'impératif baudelairien. Mais l'impression qu'il donne est aussi celle d'un homme qui refuse les étiquettes et le carcan de tout embrigadement idéologique, ce qui le pousse à rejeter un courant dès qu'il devient trop dogma-tique. Donc un homme qui rêve d'un art libre et personnel. C'est sans doute ainsi qu'on peut expliquer son attitude face aux avant-gardes qui s'expriment bruyamment en ce début de siècle[3] :

Or je me trouvais, à Paris, devant un ahurissant désordre des choses de l'art ; le tohu-bohu qui suivit cette première guerre bouleversait toutes les perspectives. La gloire d'Apollinaire prenait appui sur sa mort ; elle était escortée d'imitations douteuses. Avec Dada, au firmament montait aussi Rimbaud. C'était à la veille du Surréalisme et chacun parlait de Lautréa-mont. La peinture cubiste s'installait, et la musique mélangeait salades et cabrioles.

Dès lors ce qui devait m'attirer, pour que je pusse franchir mon propre obstacle, me repoussait en même temps. J'apercevais bien des signes de liberté et de profondeur ; je les refusais, par liberté et désir de vraie profon-deur.   (II, 1068)

En somme le portrait qui s'esquisse est celui d'un homme, mais surtout d'un artiste qui se sent de son temps mais ne se reconnaît guère dans ce que la littérature des années Dix-Vingt lui offre, et n'arrive pas encore à trouver une voie personnelle :

« *Je m'applique de toute mon âme à suivre mon temps, à en comprendre la sensibilité qui si souvent brutale me répugne ; mais si je ne fais pas effort, je serai rejeté dans le passé et mon art avec moi.* »[4].

Donc au moment où les événements qui vont bouleverser sa vie se produisent, Jouve est un homme et surtout un poète insatisfait de lui-même et des autres. L'élément déclencheur sera double puisqu'en 1921 Jouve rencontre le docteur Blanche Reverchon (qu'il épousera en 1925) et, grâce à elle, la psychanalyse freudienne associée à la redécouverte du mysticisme chrétien[5].

Il est vrai que le début des années Vingt correspond à l'entrée de la psychanalyse dans les milieux intellectuels parisiens et, si l'on en croit Élisabeth Roudinesco, cette entrée est fracassante et va investir une certaine production littéraire. Elle précise que, si à partir de 1922 la « *saison de Freud bat son plein à Paris, il faut distinguer entre ceux qui vont se servir superficiellement de la psychanalyse parce que c'est la mode* » (p. 87[6]) (par exemple Henri Lenormand et même Paul Bourget) et ceux qui

[...] comme Romain Rolland, André Gide, Pierre Jean Jouve, Jacques Rivière ou Albert Thibaudet sont réellement interpellés par les théories freudiennes. [...] Les revues littéraires et cosmopolites jouent un rôle de premier plan dans l'explosion de cet engouement parisien pour le freudisme. Il est difficile de savoir si elles s'en font l'écho ou si, la rumeur aidant, elles canalisent le mouvement de diffusion qui existe déjà.[7] (p. 87[6])

C'est aussi le moment où les Surréalistes vont tenter d'écrire sous la dictée de l'inconscient (et même d'intéresser Freud à leurs essais). Ils ne sont pas les seuls. Les théories de Freud passionnent nombre d'autres écrivains : Gide et la "Nouvelle Revue française", en particulier. C'est encore Roudinesco qui précise :

L'intérêt du groupe de la NRF pour la psychanalyse est aussi important que celui des Surréalistes. Cependant les enjeux sont complètement différents de part et d'autre. Chez les écrivains de la NRF il s'agit moins de faire passer la révolution freudienne dans des actes d'écriture que de réflé-

chir de manière critique sur les rapports de la littérature et de la psychanalyse.   (p. 100[6])

Quant à l'approche jouvienne, elle est encore différente. Elle
n'a rien à voir avec la violence tapageuse et publicitaire des
Surréalistes, leur tentative d'exploitation immédiate de l'inconscient, et leur recherche d'une écriture automatique (« *On voit
assez ce qui, à l'époque, m'opposait aux productions surréalistes. Je n'acceptais, ni l'emploi du mécanisme de l'automatisme
verbal pour lui-même, ni la fabrication de fantômes plus drolatiques que réels, ni l'exploitation publicitaire de l'inconscient.* »
(II, 1078)), et guère plus avec l'emploi gidien. D'abord parce que
la découverte de la psychanalyse se réalise pour Jouve à travers
un rapport dialogique de couple et parce qu'elle coïncide avec
un moment crucial de sa vie : la rupture douloureuse d'un
premier mariage et le reniement de toute l'œuvre précédant
1925[8]. La lecture de Freud provoque une véritable révolution qui
remet en question toute sa recherche. Il est d'ailleurs intéressant
de voir comment, de 1925 à 1935 ses œuvres vont intégrer de
plus en plus profondément les théories freudiennes. Comme le
dit Jean Starobinski dans sa préface à *La Scène capitale* :

[...] le roman *Vagadu* (1931), les *Histoires sanglantes*, *La Scène capitale*
furent, parallèlement aux poèmes de *Sueur de sang* (1935), les premières
œuvres françaises écrites à partir de la psychanalyse — de la pensée
freudienne à la fois pleinement comprise et librement retravaillée. Jouve
ne s'en tient pas, comme le firent les surréalistes, à la seule légitimation
du désir ; [...] dans les écrits métapsychologiques de Freud, il a perçu
l'intérêt mythique du conflit entre l'éros et la pulsion de mort. Mais il en
a tiré le parti le plus inventif, [...].   (II, 817-8)

En effet Jouve entrevoit immédiatement la richesse de l'instrument psychanalytique : bien entendu, celui-ci va lui permettre
d'aller plus loin dans la compréhension de soi, mais des éléments
tels que la sublimation des pulsions érotiques vont également
éclairer d'une autre lumière l'essence même du mysticisme et de
l'Art :

Nous savons aujourd'hui que l'art procède des sources de l'inconscient, et qu'il représente une solution aux conflits de l'esprit. Nous savons que la branche aérienne de l'art est une des formes « sublimes » par lesquelles peut se développer l'instinct ; et que les divisions douloureuses qui engendrent le désordre et la maladie peuvent en un autre cas [...] produire ce que nous nommons la beauté. Dès que l'art a réalisé la beauté, il échappe à cette genèse dont il porte les marques sanglantes.   (II, 1288)

Son choix est fait : il ne peut plus écrire de la même façon après avoir lu Freud et eu l'intuition que la prise de conscience des forces qui font agir l'individu, qui le mènent et qui font de lui ce qu'il est, peut enrichir l'écriture. Mais une nouvelle vie, la découverte à l'intérieur du monde de l'homme de « milliers de mondes », une œuvre enrichie et une recherche qui change résolument de direction et requiert un nouveau langage, rendent la rupture inévitable. Elle sera radicale et impliquera pour Jouve le reniement de toute son œuvre antérieure.

Pourtant il est intéressant de souligner que si d'un côté Jouve se pose en pionnier (« *L'avant propos à* *Sueur de sang *est le premier texte, je pense, qui ait revendiqué la puissance d'écrire en poésie à partir des valeurs inconscientes.* » (II, 1076), ce qui chronologiquement parlant est inexact puisque le Manifeste du Surréalisme est antérieur), il se considère aussi comme un héritier, se plaçant ainsi dans une continuité. C'est en Baudelaire et Dostoïevski qu'il reconnaît d'abord ses prédécesseurs : « *Depuis Baudelaire et Dostoïevski la passion de l'art créateur est d'aller rechercher toujours plus avant la source inconsciente.* » (1288). Et voici que les découvertes modernes viennent apporter un instrument autrement efficace à cette inventorisation : « *Ces grandes découvertes qui dépasseront de beaucoup en importance celles des continents et l'invention des machines, ont eu leur Christophe Colomb qui se nomme Sigmund Freud, et il ne nous est pas encore possible (fort heureusement) de deviner jusqu'où ces notions pourraient bien nous conduire.* » (1291). En cette année 1931, on ne peut s'empêcher de relever combien le ton de Jouve traduit un espoir infini, une confiance sans borne en ce nouvel instrument :

Nous pouvons aller toucher ces forces considérables là où elles se trouvent, dans un apparent sommeil, nous pouvons les faire exploser ; ou tremblants sous le singulier choc magnétique qu'elles donnent, nous voyons parfois qu'un déplacement se fait, lourd comme le passage d'un monstre. Que devient alors la représentation que nous avions de l'esprit ? [...]. Par contre, redoutable est la nécessité. (II, 1291)

Jouve est littéralement émerveillé par ce qu'il découvre, et l'émerveillement est selon lui à la base de l'art, élément qui le rapproche de Baudelaire qui, d'après Alexis Nouss, était « *fasciné par ce que révèle la modernité de la vie, ce qui explique qu'il présente le peintre de la modernité comme un "homme-enfant", capacité d'émerveillement et de distanciation* »[9]. Pour Jouve, cela doit faire partie de la nature même du poète :

Le poète connaît une permanence, celle de l'émotion positive, de l'émerveillement. S'il la perd, il est perdu [...].
Or l'émerveillement n'est pas le don du seul poète ; et sans doute n'y a-t-il que l'émerveillement pour sauver la vie de l'homme ordinaire d'un écrabouillement total. L'émerveillement est la science de l'enfance. Tout spectacle profond attire l'émerveillement. Les saints et les grands artistes ont vécu dans l'émerveillement. (II, 1069)

Il fait alors preuve d'un enthousiasme qu'il voudrait contagieux, se comportant d'une façon quelque peu ingénue :

Ce que j'apprenais était si considérable et si attirant, si révélateur des choses pressenties, si annonciateur d'un avenir, que je crus faire la découverte d'un continent intérieur. Empli de mes vérités neuves, je parlais beaucoup à ceux qui me semblaient capables d'entendre. Il m'arrivait de perdre la notion du risque au point de vouloir convaincre quelque dangereux littérateur. [...]. Je n'oublierai pas l'ironie bien française qui répondait à mes propos. On ne troublait pas impunément la raison de ces descendants de Voltaire. Mais par mon imprudence j'accréditais une légende [...]. (II, 1076)

Dès lors le risque était grand d'être compté au nombre des exploiteurs publicitaires de l'inconscient, ou de ceux qui mettent « *du freudisme* » (p. 74[10]) ou encore « *quelque freudisme* » (p. 75[10]) dans leurs romans comme l'écrit Fernand Baldensberger. Cela déclenchera chez Jouve une opposition violemment déclarée

contre les mouvements artistiques de son temps et la dénoncia-
tion d'un milieu littéraire superficiel et tapageur qui suit la mode
pour chercher le succès. *En miroir* (II, 1053 sqq.) offre de nombreux
exemples de cette animosité :

> Des bandes se partagent aujourd'hui le commerce de la littérature. Elles
> pactisent entre elles, car elles sont engagées dans une opération unique
> contre la qualité. [...] Leur littérature est chargée de faire dériver l'angoisse
> moderne, parvenue à un degré insupportable ; [...]. (II, 1060)
>
> L'art qui répond à la demande du plaisir est un entretenu. L'art qui
> s'arrange avec les intérêts de la mode du jour mérite encore le dédain.[11]
>
> (II, 1161)

Le concept de mode est un de ceux contre lesquels Jouve
s'insurge avec le plus de violence : la mode est l'antithèse de la
liberté, de la création, de la culture, de l'Art[12]. Pire encore, la
mode liée à un snobisme d'attitude abolit les réactions émotion-
nelles :

> Que dire, mon Dieu, à des personnages dont le divertissement est de n'être
> pas ému ? [...] L'homme qui ne sent plus rien se trouve dans un « continuo »
> d'impressions artistiques. Là est justement le joint, tout s'explique. Aucune
> chose n'échappe au pouvoir destructeur de la *répétition*. Celle-là est l'agent
> direct de la mort, dans le sens qu'elle tue. (II, 1170)

Or si la mode est effectivement synonyme de mondain, superficiel et répétitif, elle est aussi une *conventio ad excludendum* et
Jouve, se plaçant résolument en dehors de la mode, crée ses
propres règles. Il ne peut en attendre que l'incompréhension et
l'exclusion :

> Pendant les sept ans de ma vie à la rue Boissonade, en face de mon « jardin
> des âmes au printemps », je fus si attaché à la recherche et l'ascétisme
> religieux, que je n'aperçus pas une dérive, qui m'éloignait peu à peu et
> déjà définitivement de tous les mouvements littéraires et des gens à plume.
> De cette période date mon éloignement des lieux où l'on se montre,
> officines d'éditeurs, librairies, théâtres et journaux. Je lisais peu de ce qui
> paraissait, ou rien du tout.[13] (II, 1165)

L'exclusion due surtout à l'attitude de la critique à son égard

(sur laquelle nous reviendrons) provoque un état d'exil, de solitude d'abord subi puis recherché qui va renforcer sa façon de se
poser seul contre tous. « *L'exil dont je veux parler maintenant
est l'état d'exil intérieur et de proscription pour cause de nature,
de tempérament, forme de pensée ou manière de vivre. Je
connais cet état depuis une vingtaine d'années* » (II, 1163), écrira-
t-il en 1954.

Puis, dans un second temps : « *Je conviens d'avoir, en une
large mesure, choisi l'exil. Ma nature est sauvage et presque
toujours insatisfaite. Mieux valait, me disais-je, l'exil que la
compromission. Mais je porte une tendance qui ne s'accorde que
rarement avec le jeu de la vie ; c'est la tendance de rupture.* »
(II, 1164).

contre la mode, le choix de la modernité

D'une part, Jouve se pose en continuateur, de Baudelaire et
Mallarmé principalement, se considérant en quelque sorte comme
un point d'arrivée, et en ce sens il n'y aurait pas rupture au
niveau poétique, mais nouveau départ ; de l'autre, son attitude est
foncièrement créatrice, tournée vers la recherche d'une nouvelle
façon d'écrire qui ne suive pas les modes et les règles qui lui
auraient permis d'être accepté dans les milieux intellectuels. « *Il
fallait tout changer, sentais-je, il fallait tout recommencer. Tout
devait être refondu, comme la vie même reprenait, dans un
rigoureux isolement ; avec un seul principe directeur : inventer
sa propre vérité.* » (II, 1068).

La recherche d'une nouvelle écriture enrichie par les découvertes freudiennes aura pour support la prose et en effet, de 1925
à 1935, Jouve se fait romancier, tout en restant poète[14]. Roudinesco souligne d'ailleurs le lien entre cette production et la vie
du couple Jouve-Reverchon : « *Tout entière rédigée entre 1925
et 1935, l'œuvre en prose de Jouve s'inscrit dans une temporali-
té qui coïncide avec le devenir analytique de Blanche.* » (p. 111[6]).

On peut retrouver dans les commentaires de Jouve ce désir dé
fonder ses propres règles à travers une recherche permanente et

suivre sa tentative d'utilisation des moyens offerts par la psychanalyse pour rénover le roman. Son œuvre de *romancier poète* se pose d'emblée en rupture avec le roman traditionnel, anticipant par certains aspects ce que sera le Nouveau Roman dans les années Cinquante[15]. À la lueur des théories de Freud, le concept même de réalité change : « *Le moment me semble venu de faire quelques remarques sur le "réel" dans le roman. J'aimerais dégager pourquoi il importe que le roman brise les anciens cadres* véristes. [...] *Le monde voudrait avancer d'un pas dans la connaissance de soi-même.* » (II, 1288). On peut vraiment parler d'une tentative de littérature expérimentale et on croit entendre Nathalie Sarraute dans *L'Ère du soupçon* : rappelons que sans utiliser la psychanalyse, Sarraute avoue un intérêt pour l'irrationnel, et que, selon elle, le roman doit traduire quelque chose qui est sous la rationalité[16]. Mais l'utilisation de la psychanalyse implique des changements radicaux que Jouve traduit dans les conseils qu'il donne pour écrire un roman moderne et qui, en fait, constituent sa propre méthode :

Pour en revenir au roman, celui-ci doit apporter aujourd'hui un *nouveau réel* plus profond et plus mystérieux que celui dans lequel on prétend que nous vivions. [...] L'un des éléments les plus importants du nouveau réel sera la vie du rêve. Le rêve qui a cessé de passer pour un surajouté superficiel, un résidu d'images sans relation avec l'esprit [...] — le rêve significatif et redoutable avec sa figure ancienne doit exister dans le roman comme dans la seconde existence du personnage. À cause du niveau bas qu'occupe le rêve, je ne conseillerai pas d'enfermer le roman dans le rêve seul, pas plus que je ne désire voir l'œuvre d'art traiter exclusivement de l'*anankè* dans l'esprit. Mais il faut exiger que le rêve soit *vrai*. Le procédé littéraire s'inspirant des réalités oniriques n'a aucune valeur.   (II, 1288-9)

Il ne s'agit pas d'écrire le roman de la psychanalyse, mais d'appliquer les découvertes de la psychanalyse au roman ; et l'exemple du rêve permet d'illustrer de façon simple cette théorie. On sait, après Freud, que, sur la scène onirique, tous les personnages sont le rêveur lui-même et que tous les thèmes développés proviennent du rêveur. Dans le roman, les personnages sont tous une part de l'auteur et leur vérité sort de l'inconscient qui s'exprime. L'écrivain qui écrit un roman doit être capable de convoquer de façon volontaire une scène onirique dans laquelle il va faire agir des portions de lui-même, mettre en scène des problèmes qu'il aura reconnus dans l'ensemble comme siens. La différence entre le rêve véritable et le rêve donné à lire se situe donc au niveau volontaire. C'est dans ce sens qu'il « *faut exiger que le rêve soit* vrai » (1289).

Mais jamais l'artiste ne doit donner à lire ces bribes de lui-même telles quelles, sinon l'art sera absent. Jouve écrit dans « Considérations sur le sujet de *Histoires sanglantes* » que les textes de ces nouvelles proviennent tous de rêves personnels, de même que pour *Vagadu* il s'était servi de matériel provenant directement d'une analyse (probablement celle de son épouse[17]), mais il y a un abîme entre la transcription de rêves du genre surréaliste et ce que Jouve donne à lire. Il s'en explique d'ailleurs dans une formule d'une grande efficacité : « *Un personnage n'est jamais qu'un morceau intime de nous-même, et toute œuvre, quelle qu'elle soit, est une confession qui subit une métamorphose.* » (II, 1289).

En ce sens, la psychanalyse freudienne pourrait même se révéler comme un instrument à double tranchant puisque, sur la scène onirique, elle met en scène les composantes du sujet et se met elle-même en scène en tant qu'instance qui déchiffre ces composantes et les recompose en une œuvre. D'ailleurs, comme le souligne aussi Jean Starobinski, Jouve savait bien que « *dans l'ordre littéraire, la psychanalyse donne tous les droits, à la condition, explicitement formulée par Freud, que le travail de la forme intervienne pour masquer le caractère individuel du fantasme* » (Préface à *La Scène capitale* ; II, 818).

Cette métamorphose nécessaire à l'œuvre d'art contraint Jouve à une recherche formelle qui représente un autre versant, tout aussi fondamental, de sa modernité. Il lui faut en effet trouver un autre langage à même de traduire et de métamorphoser les nouveaux éléments qui émergent grâce à l'intervention de la psychanalyse. C'est ce qu'on peut lire dans l'« Avant-propos au lecteur » (*Vagadu*, 1931) : « *C'était un autre langage, que celui que l'on parlait dans ce domaine profond et vague.* » (II, 1284)[18]. D'où la nécessité du travail de la forme : rien n'est donné, on est loin de la répétition automatique dictée par la mode ! Or, la trouvaille la plus personnelle, semble-t-il, de Jouve est que, selon lui, la forme même vient de l'inconscient :

> Tous les mouvements de ce que nous appelons l'art moderne sont dominés par la recherche de forme. Qu'est-ce que la forme ? L'inconscient, cet anonyme (on n'a trouvé pour parler de lui que le pronom abrégé « Ça »), est matière prodigieusement énorme, insaisissable, incertaine, impersonnelle, indifférente au temps, vraiment informe. Comment pourrait-on associer l'idée de forme[19] à cette réalité ? Cependant cette réalité est la grande génératrice de formes. (II, 1123)

L'inconscient est donc ressenti comme un énorme réservoir de formes, en quelque sorte l'inépuisable matrice de toute création. Mais si les formes sont à chercher dans l'inconscient, ou si elles jaillissent de l'inconscient, elles ne peuvent donner naissance à l'Art sans l'intervention de la conscience et c'est ainsi, d'après Jouve, que les choses se passent depuis toujours. La différence, pour lui et ses contemporains tient dans les découvertes de Freud qui permettent d'en comprendre le mécanisme :

> Le processus originel de la forme change du tout au tout en passant par les canaux de la représentation consciente. La logique veut l'utilisation pragmatique et le confort. La forme sera alors la condensation heureuse de la vie, la concentration dans le fragment d'une vie dont on peut jouir davantage. [...]
> La forme artistique a parcouru les plus longs circuits, à travers tous les procédés et les styles, en nous voilant sa naissance. À présent que, nouveaux pêcheurs de joyaux, nous essayons de sonder la masse obscure de nos instincts, un certain raccourcissement des circuits est possible. La mort, comme l'éros, seront plus sensiblement présents. Mais la forme n'en est que plus nécessaire. (II, 1124-5)

Jouve s'oppose ainsi à un autre type de « modernité » qui, tendant à abolir la forme, éliminerait en définitive l'Art même qu'il entend créer :

> Les intrusions du mécanique et du technique arrivent à se produire dans l'Art ; en supprimant le sens de notre profond jeu, elles doivent anéantir

la forme — l'idée même de forme. Cinéma, peinture abstraite et musique concrète n'ont plus aucun rapport avec l'œuvre d'art — plus d'émotion car il n'y a plus de forme, et plus de forme puisque le mécanisme étranger remplace stupidement la force tragique de limite que l'homme écoutait en soi. (II, 1125)

On croirait entendre ici Baudelaire s'en prenant à la concurrence de la technique (en l'occurrence la photographie[20]). On pourrait se demander si ce refus de la technique, du cinéma, de la photographie, même s'il s'explique par le fait que Jouve les associe aux avant-gardes et à la mode, n'offre pas un versant rétrograde de sa pensée, et il est vrai que relire les essais d'un de ses contemporains, Walter Benjamin, permet de comprendre la profondeur de l'interrogation de ce dernier sur la valeur des procédés techniques, ici encore la photographie : « *Elle nous renseigne sur cet inconscient de la vue, comme la psychanalyse sur l'inconscient des pulsions.* »[21]. Mais Jouve est un poète : son refus de la technique dans l'art n'est pas un refus de la rationalisation, mais encore une fois celui d'une mode, parce qu'elle va dans le sens du superficiel, de la facilité, de la répétition, en quelque sorte de la paresse. Il repousse un art qui serait divertissement : « *Nous n'avons que faire des lecteurs qui cherchent à s'amuser, et ils n'ont que faire avec nous. Eux et nous sommes des étrangers.* » (II, 1161) ; l'art doit être émotion. Preuve en est que, s'il répugne à s'intéresser aux œuvres qui convient la technique, Jouve n'en est pas moins attiré par les artistes modernes en qui il se reconnaît, par exemple le peintre Balthus. De même, depuis toujours passionné de musique et fasciné par le génie de Mozart, il est profondément intéressé par les nouvelles formes d'écriture musicales où il retrouve une recherche qu'il sent proche de la sienne, en particulier la musique atonale et dodécaphonique d'Arnold Schoenberg mais surtout l'œuvre d'Alban Berg :

Je viens de trouver une remarquable illustration de ces principes dans l'opéra « Wozzeck » d'Alban Berg. L'œuvre manifeste une accumulation de formes, une vraie pyramide ; c'est une invention formelle tyrannique et continue, située au plus près de l'inconscient dramatique ; elle s'arrange aussi pour que les formes complexes rentrent dans les élémentaires, s'y perdent et y deviennent invisibles.   (II, 1125)

Dans cette analyse une idée est à retenir : Jouve pense que dans la musique de Berg la participation profonde de l'auditeur naît de la capacité de cette musique d'agir directement sur l'inconscient de ce dernier, qui à son tour la métamorphose en émotion. L'art se servirait donc ici de ce que Freud indique comme une capacité de l'inconscient : communiquer directement avec un autre inconscient sans le truchement de la conscience, par le biais de l'émotion. Et lorsque cette symbiose se produit, on peut parler de réussite artistique.

Nul doute, à ce stade, Jouve s'est vraiment trouvé en tant qu'homme et en tant qu'artiste : désormais il ne quittera plus cette voie, envers et contre tous, malgré la réception critique négative.

une modernité toute personnelle :
la restriction dans la qualité

Profondément conscient de sa singularité, se sentant investi d'un rôle de précurseur, Jouve va se heurter au problème qu'ont la plupart des novateurs : arriver à conquérir un public. La relecture de ses textes et commentaires permet d'esquisser un profil de son lecteur idéal, à qui il s'adresse directement dans les premières éditions de son œuvre de prosateur. Il est d'ailleurs intéressant de souligner que dans les rééditions il supprimera ces avant-propos, peut-être pour ne plus donner de « clés » parce que le lecteur doit les trouver lui-même en une sorte de rapport ludique, ou, bien plus, probablement parce qu'il considère ces clés désormais à la portée de tout un chacun avec la divulgation des théories freudiennes[22].

Nous avons déjà vu comment l'étrange « Avant-propos au lecteur », qui accompagnait *Vagadu* dans l'édition de 1931 prévient que le roman utilise « *un autre langage* » (II, 1284) que celui de la logique « *ordinaire* » ; l'auteur poursuit en insistant

42

sur l'attitude qu'implique cette lecture : « *Le lecteur devra renoncer à comprendre clairement du premier coup ; il devra plutôt chercher à correspondre en secret aux choses variées, mais insistantes, qui passeront devant ses yeux.* » (1288). La définition de la réalité, de la véracité du rêve fait, elle aussi, appel à l'attitude du lecteur : « *Le rêve sera vrai quand il concordera* dans le sentiment le plus profond de l'auteur, donc aussi du lecteur, *avec le possible du personnage et le déroulement de sa nécessité* » (1289).

Pour comprendre la difficulté de l'entreprise de Jouve à la recherche du lecteur idéal, il devient nécessaire de faire ici le point sur la réception de la psychanalyse au moment où Jouve décide de l'utiliser. Si, à ses débuts, la psychanalyse est reçue avec enthousiasme dans certains milieux psychiatriques et dans les salons parisiens, on ne peut pas dire que cette réception fasse l'unanimité. Tant s'en faut. On assiste d'un autre côté à une fermeture dont le ton peut être extrêmement violent : les théories de Freud sont repoussées au nom du nationalisme (on s'en prend aux Français qui sont toujours prêts à accueillir ce qui vient de la « bochie »), quand ce n'est pas au nom de l'antisémitisme, mais il est évident que ces positions traduisent l'incapacité d'admettre une discipline qui « détrône » la raison, fait appel à la libido et ose faire l'hypothèse d'une sexualité enfantine.

C'est dans ce contexte que Jouve s'adresse à un lecteur qui doit impérativement connaître et accueillir la psychanalyse comme lui, parce qu'il est indispensable qu'il maîtrise les règles du jeu. Ce qui est une manière de restreindre son public dans la qualité. Pas un professionnel, pas un psychanalyste, mais un lecteur ayant les moyens de lire cet "autre langage", acceptant de ne pas comprendre à la première lecture donc prêt à relire et surtout capable d'être « réceptif ». Au fond le roman jouvien, espérant réussir ce que Jouve admirait chez Alban Berg, tente de s'adresser directement à l'inconscient du lecteur en « tournant » la conscience. Ici aussi la compréhension, le lien doit se faire par le biais de l'émotion. Jouve l'écrit clairement dans son

«Commentaire à *Vagadu*» : «*Dans* Vagadu [...]. *J'ai dû en somme me confier toujours à la puissance affective souterraine de mon lecteur, chaque fois que l'expression élucidée était impossible.*» (II, 1289). On peut également voir là une preuve de l'importance du rôle qu'il attribue à son lecteur : sans lui le roman n'existe pas, pas plus que le personnage.

Dès lors la restriction de la réception dans la qualité deviendra une nécessité qui renforce encore une fois le rejet de la mode :

Il ne peut plus être question même de l'entendement du grand nombre, masse fixée sur des distractions «artistiques et sportives» bien définies. J'admets que le rétrécissement du champ dans la rareté nous est donné comme condition préalable à l'acte créateur. (II, 1059)

Mais si le critique littéraire est celui qui apprend à lire aux autres, c'est de ce côté-là qu'il aurait été juste de s'attendre à trouver des clés permettant une approche et une connaissance de l'œuvre jouvienne et facilitant son accueil et sa divulgation. Les choses ne se sont pas passées ainsi. Alors que *Paulina 1880* (1925) avait rencontré un bon succès (et raté de peu le Goncourt), dès *Le Monde désert* (1927) la critique réagit de façon négative. Daniel Leuwers en donne des exemples : André Thérive, dans l'*Opinion* du 18 février 1927, parle de «*modernité ostentatoire du* Monde désert», alors qu'Edmond Jaloux, dans *Les Nouvelles littéraires* du 19 février dénonce les «procédés» utilisés par le romancier et n'y voit qu'un désir simpliste de faire neuf. Pis, Jaloux reproche à Jouve d'avoir placé Jacques de Todi dans «*des aventures pédérastiques, qui sont désormais nécessaires à un roman des années 1925–1927*[23]» (p. 274[2]). Le voilà donc accusé de vouloir «faire mode» ! Mais certains jugements sont plus forts, tel celui de l'Abbé Bethléem qui le présente en ces termes : «*Pierre Jean Jouve, né à Arras en 1887, poète et auteur de deux romans par lesquels il semble vouloir reculer les bornes de l'ignominie.*»[24].

Pourtant, si la critique est dure en cette année 1927, du moins, existe-t-elle. Ce qui va blesser plus profondément Jouve, c'est le silence qui entourera la publication de ses œuvres suivantes, d'abord *Hécate* et *Vagadu*, où la plongée dans l'inconscient et surtout l'utilisation des méthodes freudiennes se font plus profondes, mais également son œuvre poétique : « [...] *leur silence, au temps de la publicité intellectuelle, est la grande arme d'animosité* », dit-il des critiques (II, 1060). Un silence ressenti comme une mort sociale et dont son œuvre ne sortira que dans les années Soixante[25]. D'où le mépris de l'écrivain pour les critiques et les littérateurs et cette attitude d'exil qu'on a souvent pu interpréter comme de l'orgueil : « *Mais ce qui m'éloigne du "siècle à mains" est si notoire, que l'ennemi a pu me donner la réputation d'un personnage ombrageux, amer, d'un misanthrope inaccessible. Ceci n'est pas le moins du monde fondé* [...]. » (1167).

La seule réponse possible à cette mise à mort par le silence, outre l'attitude de quelqu'un qui feint de ne pas en être atteint, c'est la vie de l'œuvre qui continue grâce à une conception très haute de l'Art :

Je n'aurais jamais écrit une ligne si je n'avais pas cru au rôle sanctificateur de l'Art. Et si je n'avais pas pensé, comme je l'ai écrit à la fin du *Wozzeck*, à une réalité autonome de l'œuvre d'art, sans auteur ni acteur ni spectateur, pour une certaine gravitation des causes essentielles, — je n'aurais pas songé à jouer le bizarre jeu de l'artiste. Que l'artiste travaille pour autrui, soit ; il travaille d'abord contraint et forcé, dans sa dimension unique, et non pas pour lui, mais pour l'*autre* qu'il contient.[26]   (II, 1161)

Si Jouve n'a jamais cessé d'écrire de la poésie, en revanche son intermède de prosateur se termine en 1935. On peut penser qu'il avait atteint un point d'arrivée dans sa recherche formelle et que (si on pense à *Vagadu*, en particulier) il était difficile de continuer dans la voie de la sur-réalité psychanalytique en conservant une apparence de compréhension immédiate, un discours cohérent au premier degré[27]. On a également beaucoup insisté sur le fait que cette parenthèse se clôt sur le recueil de nouvelles *La Scène capitale* et en particulier sur « Dans les années profondes » où on a voulu voir la sublimation réussie d'un Léonide-Jouve qui choisit la poésie. En outre, dans le choix de la poésie entre un autre élément fondamental qui restreint encore

le champ de ses lecteurs, rebute la critique et contribue à son isolement. En effet, si la psychanalyse a, de fait, bouleversé l'homme et l'œuvre, la dimension qui enrichit la recherche et l'écriture jouvienne et qui place son œuvre encore plus en marge tout en l'inscrivant parmi les précurseurs, c'est la dimension religieuse. La lecture des mystiques va de pair pour lui avec la découverte des textes de Freud, et ces deux éléments inséparables proviennent tous les deux de son épouse. Mêlant pour la première fois mysticisme et freudisme, Jouve anticipe de façon audacieuse, si bien qu'il sera repoussé par les milieux catholiques orthodoxes, outrés par son interprétation trop personnelle du christianisme. Pourtant cette dimension religieuse va enrichir ses thématiques d'une dimension ignorée de Freud du moins sous ce nom, celle de la Faute. D'où une œuvre, surtout son œuvre poétique, où va s'exprimer de façon déchirante cette double postulation : Éros et Thanatos dramatisés par la conscience du péché, l'espoir du salut...
« *J'étais orienté vers deux objectifs fixes : d'abord obtenir une langue de poésie qui se justifiât entièrement comme* chant [...] *; et trouver dans l'acte poétique une perspective* religieuse — *seule réponse au néant du temps*[28]. » (II, 1068-9).

Et le travail de la forme, cette recherche d'un langage poétique qui soit « chant », se poursuit non sans tentatives d'intégration de la musique même au texte poétique. On sait que Jouve est passionné de musique (« *Le poète en moi a toujours envié le musicien.* » (II, 1178)) : une étape de cette recherche a consisté en de nombreuses allusions à l'œuvre de Mozart pour lequel il a une sorte de vénération[29]. Après l'écoute de la *Suite de concert* d'Alban Berg, ce sera l'œuvre de ce dernier, et en particulier *Wozzeck,* qui servira de référence[30]. Mais c'est dans les recueils des années Cinquante qu'il atteint une véritable symbiose avec la musique et en vient à insérer en exergue à son texte poétique des phrases musicales, phrases que seul un lecteur... mélomane est à même de lire[31] !

Il est certain que la poésie s'adresse d'emblée à un public plus restreint, plus averti que la prose et le roman en particulier. Jouve prévient :

Si la Poésie est une âme inaugurant une forme — nulle trace de cela n'existait dans le lecteur hasardeux ; en franchissant une sorte de zone interdite, ce lecteur doit encore remonter le courant de la dégradation croissante de son langage dans la parole, il doit même oublier que de savantes théories dénient à présent tout sens au langage.   (II, 1059)

En outre, la poésie n'impose pas à son auteur la nécessité d'une cohérence et d'une linéarité minimale. Elle peut, plus facilement que la prose faire fi de la logique parce que l'appréhension poétique est plus sensuelle et émotionnelle. Bien sûr, la restriction dans la poésie ne veut pas dire que la recherche formelle cesse, bien au contraire, puisqu'en poésie, l'inconscient doit rester discret[32]. Enrichi par l'instrument psychanalytique, l'enjeu du travail de l'artiste moderne devient plus fascinant :

[...] l'Art aussi est énigmatique. Il évolue, il doit évoluer ; le travail de sa forme, bien qu'ayant une origine permanente, est en perpétuel changement. Il se relie d'ailleurs au passé par des liens tout aussi exigeants. Au sein du changement, le phénomène unique doit faire la percée proprement irremplaçable. Ce que nous nommons « génie » est en contradiction avec ce que nous nommons « culture ». Par conséquent c'est à travers l'individuation énergique que doit s'effectuer le passage du plus grand nombre sur la voie de l'Art.   (II, 1162)

Derrière des échos nietzschéens, on trouve ici l'idée d'un art en continuelle évolution, comme une révolution permanente ou une analyse infinie à laquelle on peut de bon droit donner le nom de modernité puisque d'après Henri Lefèbvre : « *À l'intérieur du monde renversé et non remis sur ses pieds, la modernité accomplit les tâches de la révolution : dépassement de l'art, de la morale, des idéologies....* » et Jean Baudrillard d'ajouter : « *Mais elle les accomplit sur le mode d'une révolution permanente des formes, dans le jeu du changement, finalement dans un cycle où se referme la brèche ouverte dans le monde de la tradition.* »[33].

Considérée dans son ensemble, l'œuvre de Jouve trahit le désir constant (et l'espoir) du poète d'être moderne, d'une modernité qui soit à la fois héritage de ceux qu'il considère comme ses prédécesseurs et création d'une poétique inédite. Cependant, pour en revenir à la définition de Touraine qui a servi de point de départ à cette réflexion, il faut bien admettre que si Jouve s'est passionné pour une découverte scientifique, la psychanalyse, et n'a jamais renié la rationalisation, il a repoussé ce qu'offrait de nouveau la technique (il haïssait le cinéma — mais a fait de son héroïne Catherine Crachat une actrice de cinéma —, et repoussait, nous l'avons vu, les courants fascinés par la technique, comme les futuristes, Dada, etc.). On pourrait évidemment voir là une tendance rétrograde, de même peut-être que dans la présence d'un certain bagage philosophique. La modernité de Jouve présenterait donc des contradictions. Il n'en serait que plus moderne s'il est vrai que toutes les définitions de la modernité insistent sur ses aspects paradoxaux : « *La modernité est* [...] *d'essence contradictoire : hantée par le nouveau, perpétuellement en quête de l'indicible et du non-dit, du non-encore dit, elle est aussi recherche du durable, du valable dans l'instant, elle cherche à dégager dans le nouveau le classique de demain.* »[34].

Si être moderne est avant tout un choix, on peut affirmer que Jouve l'a fait, ce choix, d'abord à travers ses tentatives plus ou moins réussies, puis avec l'utilisation de la psychanalyse alliée au mysticisme, dans une attitude de recherche permanente qui dessine un parcours poétique personnel et hétérogène, avec un détour d'une décennie par la prose, probablement considérée à un moment déterminé comme un moyen plus direct d'intégrer les découvertes freudiennes, avant le choix définitif de la Poésie comme genre supérieur qui consent une intégration plus profonde et plus libre de l'instrument psychanalytique et de la religion chrétienne. Mais il faut aussi considérer que le poète est resté fidèle à ce choix malgré ce qu'il lui en a coûté en termes de solitude et « d'exil », et que, paradoxalement, c'est également cela qui fait de lui un moderne si, comme le dit Meschonnic, les véritables modernes sont des solitaires, et pourrait-on ajouter, si tous les artistes authentiques sont modernes.

On peut enfin souligner que les caractères de ce qui pour Baudrillard définit la modernité, et en premier lieu la crise (« *Elle fait de la crise une valeur*, une morale contradictoire. »), semblent bien s'appliquer à la lettre à l'œuvre de Jouve et à son parcours de recherche personnelle, poétique et formelle : « [...] *une exaltation de la subjectivité profonde, de la passion, de la singularité, de l'authenticité, de l'éphémère et de l'insaisissable, par l'éclatement des règles et l'irruption de la personnalité consciente ou non.* »[35].

1. Alain TOURAINE, *Critique de la modernité* (Paris, Fayard, 1992), p. 240.

2. Daniel LEUWERS, *Jouve avant Jouve ou la naissance d'un poète (1906–1928)* (Paris, Klincksieck, 1984).

3. Si l'on en croit Henri Meschonnic, les avant-gardes étant toutes plus ou moins entachées de collectivisme, les véritables modernes seraient les solitaires (on pense ici à Baudelaire, Kafka, Van Gogh, etc.) (Henri MESCHONNIC, *Modernité modernité* [Paris, Verdier, 1988], p. 83 sq.).

4. Pierre Jean JOUVE, lettre à Georges Duhamel, 6 juin 1923 (citée p. 219[2]).

5.

Jouve attendait une rencontre vivifiante qui pût donner un sens à sa vie et à son œuvre. Elle eut lieu avec Blanche Reverchon. Jouve se soumit alors à la règle de cette Sibylle de la modernité, une psychanalyste aux convictions sans nul doute péremptoires et dogmatiques, ce qui n'était pas le fait de tous les psychanalystes de l'époque.

(Odile BOMBARDE, « La Voix de Blanche », pp. 167–87 in *Jouve poète, romancier, critique*, Odile BOMBARDE ed. [Louvain, Lachenal & Ritter, 1995], p. 185).

6. Élisabeth ROUDINESCO, *Histoire de la psychanalyse en France* (Paris, Seuil, 1986), t. II.

7. « *Outre* La Nouvelle revue française [...] La Revue de Genève, Le Disque vert, La Revue Européenne *et* Europe *contribuent à l'essor de la Psychanalyse.* » (p. 88[6]).

8. « *Si Jouve découvre le freudisme à travers la cure de sa femme* [avec Eugénie Sokolnicka], *(en 1925) celle-ci "épouse" la psychanalyse en même temps qu'un poète. Cette situation fusionnelle n'est pas étrangère à la manière dont Jouve lui sert d'interprète.* » (p. 111[6]).

9. Alexis NOUSS, *La Modernité* (Paris, P.U.F., « Que sais-je ? », 1995), p. 16. Et Jouve insiste : « *Il n'y a encore une fois, qu'un émerveillement propre, mais communicable, qui compte.* » (II, 1172).

10. Fernand BALDENSPERGER, *La Littérature française entre les deux guerres* (Marseille, Sagittaire, 1943), pp. 68–77 : « Sous l'obsession du subconscient ».

11. On peut encore relever :

L'extrême misère du monde de transition, c'est que l'affect y soit comme usé. Une impassibilité d'animaux féroces est à la mode : point de réactions si ce n'est celles de l'instinct carnassier. [...] parce que l'espèce se révolte contre l'espèce, l'individu se dissocie.

(II, 1169-70)

Quand certain plumitif m'accusait en 1935 de placer l'obsession dans le sac de mes frères pour être certain de l'y retrouver ensuite, il commettait un faux, mais il lançait une interprétation. (II, 1128)

Dans une assez longue expérience d'écrivain, je fus constamment scandalisé par cette recette, insolente et flatteuse, de perversité et de facilité, que l'on propose sous le nom d'Art. (II, 1161)

12. « *Revisiter Jouve aujourd'hui, c'est revenir vers un homme qui est tout le contraire du poète à la mode, un homme qui, dans sa solitude tourmentée de doutes, demeure réfractaire à toutes les modes.* » (Daniel LEUWERS, « Jouve revisité », *Europe*, *"Pierre Jean Jouve"*, nov.-déc. 2004, pp. 3–11 [p. 11]).

13. Jouve écrit encore :

Il m'arrive souvent de « voir » devant moi le chaos du monde présent, accompagné d'affolement public — ou d'apathie de même nature — et parallèlement la méchanceté exceptionnelle des intelligences — désordres dont Paris offre d'excellents exemples ; et de regarder cela comme on voit arriver le typhon sur la mer. (II, 1169)

14. De 1925 à 1935, Jouve publie son œuvre en prose, *Paulina 1880* (1925), *Le Monde désert* (1927), *Hécate* (1928), *Vagadu* (1931), *Histoires sanglantes* (1932), *La Scène capitale* (1934) mais également les recueils, *Les Mystérieuses noces* (1924), *Nouvelles noces* (1926), *Noces* (1928), *Le Paradis perdu* (1929), *La Symphonie à Dieu* (1930), *Sueur de sang* (1935).

15. « *Vagadu est l'histoire d'une crise capitale. Je crois me trouver ainsi pas trop éloigné de la position traditionnelle du roman. Et pourtant la lecture de mon ouvrage requiert sans doute une inclination toute nouvelle de l'esprit.* » (II, 1288).

16. Voir Nathalie SARRAUTE, *L'Ère du soupçon* (Paris, Gallimard, 1956), pp. 57–79 : « L'Ère du soupçon » (première édition dans *Les Temps modernes*, 1950).

17. C'est ce qu'avance Odile Bombarde (« La Voix de Blanche » [*loc. cit.*[5]], p. 170).

18. Jouve précise dans *En miroir* :

L'homme de ce temps est à la croisée des chemins. L'homme se voit au premier jour de la trouvaille, devant ses inconnus, ses trésors, comme il pénètre sous la voûte de ses malheurs. Il découvre une langue (serait-elle encore discutable) pour nommer des choses de nouvelles proportions. (II, 1123)

19. Il reprendra de façon encore plus imagée ce concept dans le texte de *Proses* intitulé précisément « Formes » :

Nous du moins avons reçu l'obligation de pénétrer des formes vives adéquates au vide dévorant, des formes de l'informe, des formes consumant la durée même. Formes contraires à celles qui les ont enfantées, ennemies de leur mère, en désaccord sur toutes les manières de contact : notre ouvrage est de faire passer par elles l'amour avec l'intouchable, ce qui comporte mouvement, exaspération, limite et spasme, pour la production du vrai.

(II, 1240)

20. Charles BAUDELAIRE, *Œuvres complètes* (Paris, Laffont, « Bouquins », 1980), pp. 746–50 : « Le Public moderne et la photographie » [Salon 1859] :

La Fatuité moderne aura beau rugir, éructer tous les borborygmes de sa ronde personnalité, vomir tous les sophismes indigestes dont une philosophie récente l'a bourrée à gueule-que-veux-tu, cela tombe sous le sens que l'industrie, faisant irruption dans l'art, en devient la plus mortelle ennemie, et que la confusion des fonctions empêche qu'aucune soit bien remplie. La poésie et le progrès sont deux ambitieux qui se haïssent d'une haine instinctive, [...]. (p. 749)

21. Walter BENJAMIN, *Essais 1922–1934* (Paris, Denoël-Gonthier, « Médiations », 1983), pp. 149–74 : « Petite histoire de la photographie » (p. 153).

22. J'entends par « rapport ludique » le jeu des « niveaux » de lecture auquel Jouve invite son lecteur et qui me semble particulièrement évident dans les textes de *La Scène capitale*. À ce sujet, voir par exemple :

— Jean BELLEMIN-NOËL, « Gribouille entre Gribiche et Pilgrim », pp. 217–28 in *Jouve poète, romancier, critique (op. cit.[5])* ;

— Mireille REVOL-CAPPELLETTI, « Gribouille(s) : histoire d'eaux, histoire d'encre (G. Sand, *La Comtesse de Ségur*, Pierre Jean Jouve) », *Annali della Facoltà di Lettere e Filosofia* [Perugia], vol XXVIII, 1990-1991, pp. 121–48 ;

— Mireille REVOL-CAPPELLETTI, « Arcanes d'une révolution analytique : Les Rois russes » (*PJJ5*, 77–104).

23. Pour un panorama de la critique jouvienne voir également : Pascal NOUVEAU, « L'Accueil critique des romans de Pierre Jean Jouve » (*PJJ5*, 167–94).

24. Abbé BETHLEEM, *Romans à lire et à proscrire* (Paris, Éd. de la Revue des lectures, 1932) (cité p. 137[6]).

25. Voir Pascal NOUVEAU, « L'Accueil critique des romans de Pierre Jean Jouve » (*PJJ5*, 167–94).

26. Deux textes de *Proses* résument parfaitement l'état d'esprit du poète : « Le Prince » et « Le Sourd » :

Le Prince est celui d'une principauté déchue, qui n'a plus cours, et s'enveloppe généralement du silence tenant lieu de majesté. [...] La conscience d'avoir accompli sa tâche au delà, d'avoir réussi dans son entreprise par de nombreux actes dûment scellés, d'avoir trouvé parfois des secrets qui n'existent dans aucun autre règne ; la dignité observée en toutes circonstances, et l'amour le plus simple donné au passant quelconque, même le besoin enfantin de sauver tous ceux en péril et de panser une douleur dès qu'il peut la connaître — cela ne sert de rien, car le prince est essentiellement impopulaire. [...] Il faut convenir que sa langue savante, son inquiétude et son soin du détail, son exigence de perfection, ne peuvent qu'humilier une population en désordre, en facilité et en gourmandise. Nulle aristocratie ne sert plus au respect, mais elle éveille naturellement l'injure qui comme un mollusque aspire à sortir de la bouche humaine.

Ainsi le Prince voit-il le chemin fleuri se rétrécir, et le chemin boueux de la mort s'ouvrir à lui ; mais son désespoir est de perdre peu à peu l'intuition d'étoile, la vision mystique seule raisonnable sans laquelle il n'est pas de politique ; la passion énergique du « propre », tout ce qu'il eut pendant si longtemps. (II, 1237)

Dans « Le Sourd », après avoir envié le sort de Baudelaire, il décrit sa propre position :

Heureux, celui que poursuivait le Procureur et que persécutait la Justice impériale, pour qui « les humiliations étaient des grâces de Dieu » — parce que Dieu faisait donc des grâces au poète, en ce temps-là. Il n'en est pas de même aujourd'hui, remarque celui qui pour avoir le droit de parler, est devenu sourd. Car *ils* ont trouvé le truc infiniment meilleur d'attribuer d'office la non-existence à certaine espèce de parole. [...]. Et puisqu'elle n'est pas née, il n'en faut rien dire. Mais hors de la zone maudite, ce ne sont que banquets de louange, signatures d'étoiles, consécrations d'adolescentes et hurrahs à la vogue ! le fabricant est d'accord, le vendeur d'accord, et le public dont il faut soulager la bourse, d'accord. (II, 1238)

27. La théorie esquissée par Odile Bombarde ne manque pas d'intérêt :

[...] un Jouve qui découvre la psychanalyse avec avidité et en y étant invité et guidé par Blanche, une Blanche trouvant dans le talent d'expression de Jouve la voix qui lui manque. Si bien que lorsqu'à la fin des années 1925-1935, Jouve effectue cette conversion dont l'une des formes est le retour à la poésie, l'abandon définitif du roman [...], c'est presque d'un affranchissement à l'égard de Blanche qu'il faudrait parler [...], comme si, après avoir donné forme à l'inconscient de Blanche et après avoir assimilé ce qui, de la théorie psychanalytique, allait lui servir pour la suite de son œuvre, il ouvrait la voie, mais voie poétique désormais, à l'exploration de son propre inconscient.

(Odile BOMBARDE, « La Voix de Blanche » [*loc. cit.*[5]], p. 176)

28. Dans *Apologie du poète*, Jouve précisera : « *Pour la poésie, mystique est intimement lié à* création [...]. » (I, 1202).

29. Citons entre autres *Matière céleste* qui propose un « *Tempo di Mozart* » (I, 302), puis un poème intitulé « *Viaticum (Mozart)* » (317), et enfin « *Zauberflöte* » (336) ; le recueil *Kyrie* offre « *Mozart dans la fosse commune* » (390), et « *Don Juan* » (436) ; et on ne peut bien entendu oublier son étude approfondie du *Don Juan* : *Don Juan de Mozart* (Fribourg, Egloff, 1942).

30. L'influence de l'œuvre de Berg est imposante : *Wozzeck* revient comme un leitmotiv tant dans la prose (« La Fiancée », *Histoires sanglantes*) que dans les recueils en vers, par exemple dans *Inventions, « Fin de Wozzeck »* (I, 1007) ; et le musicien est partout présent : citons *La Vierge de Paris, « Alban Berg 1936 »* (483) puis le recueil *Langue* qui porte la mention « Dédié à l'Esprit d'Alban Berg » ou *Mélodrame* qui comporte une section intitulée « Tombeau de Berg ». En outre, Jouve s'est consacré avec Michel Fano, à la lecture de la partition du *Wozzeck* d'Alban Berg (*Wozzeck ou le Nouvel Opéra* [Paris, Plon, 1953]).

31. Voir en particulier : *Lyrique* : « *Jeune fille* », II, qui commence par une phrase musicale de « *Berg. Lyrische, Suite II* » (I, 916) ; dans *Moires, « Lulu III »*, c'est une citation de « *Alban Berg, Lulu, Acte Ier, Interlude, scènes 2-3.* » (1047), encore dans *Moires, « Chant de la terre »*, une phrase de « *Gustav Mahler, Das Lied von der Erde. Der Abschied. In fine.* » (1062). Sur les liens que la poétique de Jouve entretient avec la musique, voir :

— Jean STAROBINSKI, « Le Feu de la chair et la blancheur du ciel » (I, XI-LXXXVI), en particulier pp. XVIII-XXX ;

— Jérémie BERTON, « Le Triptyque musical de Pierre Jean Jouve », *Europe* (*op. cit.*[12]), pp. 65–77 ;

— Serge MEITINGER, « Écrire — musique : Pierre Jean Jouve et la poésie critique » (*PJJ3*, 7–25).

32. « *Le rôle était dans la transformation incessante de la matière personnelle. Or cette matière, plus elle est personnelle, plus grande est sa proportion d'appartenance au monde entier. Voilà le rôle du poète.* » (II, 1172).

33. Henri LEFÈBVRE, *Introduction à la modernité*, cité in Jean BAUDRILLARD, article « MODERNITÉ », *Encyclopedia Universalis* (version pour PC, 1997).

34. BAUDRILLARD, « MODERNITÉ » (*loc. cit.*[33]). Voir aussi, à titre d'exemple : Antoine COMPAGNON, *Les Cinq paradoxes de la modernité* (Paris, Seuil, 1990).

35. BAUDRILLARD, « MODERNITÉ » (*loc. cit.*[33]).

3

DU POÉTIQUE
COMME IMAGINAIRE DE LA LUCIDITÉ
MODERNITÉ DE JOUVE

par Michael G. KELLY

JOUVE se donne à lire comme poète, comme officiant au culte de la Poésie. Doit-on le prendre au pied de la lettre ? Jouve est moderne d'une part pour avoir su anticiper et donc inaugurer lui-même les façons dont on parlerait de son œuvre. Au personnage de l'artiste élaboré au cours de l'œuvre s'ajoutent des prolongations qui sont les lieux privilégiés d'une critique jouvienne et qui dessinent un réseau mis en place (par son vocabulaire et ses préoccupations) pour une partie par Jouve lui-même. S'il y a une « modernité de Jouve », il s'agit incontestablement pour une partie importante d'une modernité de poète. Car *lire* Jouve, c'est être confronté à un processus incessant de constitution d'un personnage de poète. Mais s'interroger sur la modernité de Jouve c'est, en outre, se heurter aux transformations des discours de et sur la poésie en général, constitutives d'une « modernité » problématique de cette pratique textuelle. C'est donc nécessairement avoir des comptes à rendre sur la constitution de son objet — à savoir, du complexe « poétique » réunissant poésie-poème-poète, dont l'invocation ne saurait être évitée.

Parler de la *poésie*, pour construire l'objet de la manière la plus ouverte possible, revient en premier lieu à s'interroger sur un sujet qui se heurte dans l'écriture des textes au problème de la limite — qui est pour l'artiste celui de sa propre liberté (ou ce qu'il prend pour sa liberté) et de sa capacité à intégrer sa propre assomption de la limite dans l'œuvre qui en découle. Autant que de la poésie, pourtant, nous sommes obligés (dès que notre propos s'approche du « moderne ») de parler du *poétique*. On désigne par là quelque chose comme une qualité, une valeur au lieu d'un corps textuel — une posture ou une position autant qu'un vague effet de lecture. On reconnaît d'autre part l'ambiguïté qui domine la question de la poésie depuis plus d'un siècle. Qui est — pour les besoins de la distinction — le primat refoulé, sur la valeur d'une forme elle-même, d'une attitude voire d'une éthique sous-jacente à toute prise de forme.

Comme *la* poétique serait l'expression par un principe ou une constellation de principes d'une pratique de la « poésie », et qui en est devenue quasiment inséparable dans une lignée de poésie française dite « moderne », *le* poétique désignerait la reconnaissance de la Poésie dans ce que suggère tel ou tel texte de l'effort de questionnement humain qui aurait présidé à son écriture. « *Une Poésie est irréductible à une autre Poésie* », écrit Jouve, « *tandis que toutes atteignent à une sphère remarquablement commune* » (II, 1006). À chaque poète il y aurait donc sa poétique, mais le poétique, attribut de la sphère commune, est cette visée par quoi il serait encore admissible de parler de poésie.

La constitution du poétique à l'époque moderne, si elle implique une réflexion sur le fonctionnement et l'élaboration des textes, est aussi en partie une question de la figure du poète, indépendante de l'ensemble des postulats fondant une pratique générique. Cette figure est en position d'équilibre hasardeuse entre la singularité et la généralité qui inséparablement le constituent, équilibre bien décrit par Mikel Dufrenne :

> La poésie veut être poétique : elle veut s'accomplir. [...] Il y a assurément une tradition qui a formé le poète, et un certain état présent de la poésie qui le provoque. [...]. [...] ce que le poète connaît et imite dans les autres, c'est la relation chaque fois singulière à la poésie : pour chacun la

poésie est une exigence, mais cette exigence est appel et non pression, elle définit une vocation et non une contrainte ; et le poète est appelé par les autres — par la poésie à travers les autres poètes — à produire à son tour une œuvre singulière.[1]

Il s'agit ici, en traitant « du poétique comme imaginaire de la lucidité », de mettre en rapport deux aspects de cet équilibre qui sont souvent dissociés et même refoulés l'un par rapport à l'autre — la définition de soi (du poète) et la définition d'un rapport à la pratique poétique. Il s'agit avant tout de tenter l'approche d'un lieu pour ainsi dire critique dans la construction torturée d'un personnage et d'une position d'artiste-par-le-langage qu'entreprend Pierre Jean Jouve — ce lieu où l'idée de choix n'est plus séparable pour lui de celle du réel. Ce lieu — construit peu à peu, et même rétrospectivement — d'où partirait nonobstant toute l'œuvre-de-poète du sujet écrivant, en ce que cela représente d'absolument consistant, de sérieux, d'essentiel pour ce sujet.

La dérivation d'un sujet de ce qu'on désigne comme un imaginaire fait surface chez Roland Barthes dans son autoportrait fragmentaire où il va jusqu'à déclarer que l'« *effort vital de* [son] *livre est de mettre en scène un imaginaire* » (p. 109[2]). Il poursuit ce qui est également une prise de position théorique en réclamant pour ce qu'il appelle l'imaginaire « *une précellence d'intérêt* » (p. 98[2]) : ce serait la catégorie par laquelle les sujets humains transcendent leur différence humaine vers une strate plus élémentaire, plus universellement partagée de l'être. Tout élément méta-discursif s'assied sur une tentative de définition. Ainsi Barthes : « *L'imaginaire, assomption globale de l'image, existe chez les animaux (mais point le symbolique), puisqu'ils se dirigent droit sur le leurre, sexuel ou ennemi, qu'on leur tend.* » (p. 109[2]). Cet *horizon zoologique* est peut-être discutable comme définition de l'animalité — ce qu'il pointe c'est la situation de l'imaginaire à l'extrême limite de l'appréhension humaine individuelle du réel.

Un premier recul ne suffit pourtant pas à cette autoanalyse pour constituer l'imaginaire en objet de réflexion. Mis à part l'opportunisme (dont Barthes se déclare coupable) de chaque appel au terme[3], il y a une hétérogénéité plus ou moins indiscernable à l'intérieur du domaine de l'imaginaire. Des « *degrés de l'imaginaire* » il écrira qu'on ne peut les numéroter « *comme les degrés d'un spiritueux ou d'une torture* » (p. 109[2]). Cette hétérogénéité porte la réflexion sur l'imaginaire du domaine assez apprivoisé d'un répertoire d'images récurrentes voire obsessionnelles dans une écriture donnée à celui, plus trouble, de la formation du sujet de l'écriture lui-même. L'imaginaire, d'être cantonné dans les images, se voit du coup un peu partout ailleurs aussi — ce qui fait reculer à l'infini la position d'un sujet maîtrisant (par un regard d'ensemble) ce qu'on persiste à désigner comme son imaginaire :

[...] le sujet, dédoublé (ou *s'imaginant* tel), parvient parfois à signer son imaginaire. Mais ce n'est pas là une pratique sûre ; d'abord parce qu'il y a un imaginaire de la lucidité et qu'en clivant ce que je dis, je ne fais malgré tout que reporter l'image plus loin, produire une grimace seconde ; ensuite et surtout parce que, bien souvent, l'imaginaire vient à pas de loup, patinant en douceur sur un passé simple, un pronom, un souvenir, bref tout ce qui peut se rassembler sous la devise même du Miroir et de son Image : *Moi, je.*   (p. 109[2])

Ces deux empêchements à la description de l'imaginaire sont-ils aussi séparables que le laissent croire les modulations de la phrase barthésienne ? Si l'imaginaire de la lucidité fait d'abord surgir une série d'images encore plus reculées, comme des relais de plus en plus proches d'une vérité qu'elles ne contiendront jamais entièrement, n'a-t-il pas aussi affaire au *Moi, je* — comme image ultime, fondatrice de la lucidité du sujet qui la produit et qu'elle produit en même temps ? Telle est, du moins, l'intuition qui nous guidera ici — et dont nous avons cru surprendre l'image renvoyée par le sujet (synthétique) de l'œuvre jouvienne prise comme un ensemble.

C'est le caractère synthétique de ce sujet qui, selon nous, constitue la valeur de modernité de cet auteur. Jouve, en faisant communiquer entre elles certaines extrémités de son parcours, par certaines tensions et oppositions qui structurent son œuvre et — plus loin — son identité de poète, devient un personnage exemplaire. Mais la cohésion de fond de ce personnage dépend dans un premier temps de la possibilité pour un artiste de se faire l'interprète de ses propres œuvres — de dédoubler son regard afin de postuler une profonde continuité de son être. Le terme *lucidité* n'évoquerait-il pas le rejet de l'irrationnel, du mysticisme, de la convention, de la perte de soi en faveur d'une juste appréhension d'une réalité des choses ? Il faut dire que Jouve cultive dans une certaine mesure tous ces éléments-là — mais il les cultive en ce qu'il croit être connaissance de cause, par rapport à une idée maîtresse qui est celle de l'unité. Nous dirons que, chez Jouve, le désir d'une posture de lucidité, par sa persistance et sa force, aiguise ses investissements imaginaires tant sur le plan de l'invention symbolique cantonnée dans le texte voulu poétique que dans l'invention d'une identité de poète sur un éventail plus large de son écriture — et en particulier quelques écrits d'accompagnement à l'œuvre poétique[4]. Il y aurait donc un répertoire imaginaire proprement jouvien, et parallèlement une figure de Jouve-poète se constituant — tous deux participant du « poétique » en tant que manifestations de ce que nous appellerons un « imaginaire de la lucidité ».

Au dédoublement du regard correspond en partie celui des formes de l'écriture. Le nom de Jouve fédère à l'artiste-praticien un individu s'interrogeant sur le sens de sa pratique. Or Jouve ne parle pas tant d'un projet que d'une compréhension durement acquise de ce que serait une authenticité personnelle. L'aboutissement à la reconnaissance de la valeur poétique forme ainsi, et sans contradiction, la matière d'un compte à rendre en témoin — fragmenté, certes, mais surtout proféré sur le ton du détachement. Ce sera, pour Jouve, *En miroir*, son *Journal sans date*. Les valeurs proprement poétiques qu'il revendique sont, selon ce texte, restées invariables depuis une crise personnelle longue de plusieurs années au début des années 1920 :

Il fallait tout changer, sentais-je, il fallait tout recommencer. Tout devait être refondu, comme la vie même reprenait, dans un rigoureux isolement ; avec un seul principe directeur : inventer sa propre vérité.

[...]

J'étais orienté vers deux objectifs fixes : d'abord obtenir une langue de poésie qui se justifiât entièrement comme *chant* — pas un des vers que j'avais écrits ne répondait à cette exigence ; et trouver dans l'acte poétique une perspective *religieuse* — seule réponse au néant du temps.

Un mouvement vers le haut, un mouvement de conscience que je propose de nommer « spirituel », se présentait à l'esprit par ces deux objectifs réunis. Ce mouvement n'a plus varié, dans tout le cours postérieur de ma vie et de mon travail. (II, 1068-9)

Autant la dimension religieuse qu'il attribue à son activité découle d'une véritable vision du monde centrée autour de la *poésie*, autant la question du *chant* représente la prouesse technique imaginée d'un texte entièrement uni, continu. Cela permettrait déjà de dessiner comme des axes de structuration à une lecture de l'œuvre proprement poétique. Mais si les visées métapoétiques du jeune homme en mémoire concordent d'une manière impressionnante avec les créations à venir, c'est aussi, plus tard, grâce à un acte de jugement radical à son propre égard par Jouve. La répudiation de toute l'œuvre antérieure à 1925 deviendra l'acte sacrificiel fondateur de l'identité durable de ce poète. Répudiation par étapes, progressive, comme l'a montré Daniel Leuwers dans son livre sur cette partie du parcours[5], cette fondation est mise en scène par Jouve comme décision abrupte et souveraine — inaugurant une renaissance du sujet à travers un nouveau rapport au monde et à soi, et par une nouvelle écriture découlant de cela. Il s'agit en plus, dans le récit qu'en fait Jouve dans *En miroir*, trente ans plus tard, d'un acte qui se réclame formellement de la lucidité : l'exercice souverain du jugement dans un rejet sans appel de toute l'œuvre antérieure. Ce qu'il justifie rétrospectivement ainsi :

L'artiste qui a fait son œuvre a aussi le droit de la juger, comme il aurait le droit de la redresser, la sentant insuffisante, ou de la détruire. Il a donc le droit de la retirer du domaine intellectuel par acte de volonté, s'il ne peut plus effectivement en assurer la suppression. (II, 1072)

Déclaration où Jouve se comporte, d'un côté, comme le Dieu de l'Ancien Testament : c'est par rapport à son propre art que l'artiste deviendrait identique à lui-même, tout-puissant — ce *fiat* s'exerçant aussi bien par le pouvoir de donner la mort. Nous sommes en même temps devant une conception légaliste du sujet-artiste. Ce sujet existe par le dehors — c'est une monade, pour ainsi dire, un individu, acteur irrécusable du champ de son activité particulière. Un sujet qui a des droits, qui se constitue dans leur jouissance. Notons que c'est par rapport à ce qu'il nomme le domaine intellectuel que s'exerce le droit de retrait de l'artiste qui a fait, publié et enfin jugé son œuvre. Ce personnage agit et se justifie à la manière du chercheur scientifique convaincu par de nouvelles expériences du caractère infondé de ses anciennes théories. Il procède conformément à l'idée qu'une œuvre d'art, pour être digne de ce nom, doit — à un niveau certes qui n'est pas celui de la raison scientifique ou mathématique — malgré tout « avoir raison », être élaborée à partir de prémisses faisant à leur tour l'objet d'une adhésion subjectivement sans faille chez l'artiste et constituant pour lui comme une limite absolue à ses capacités de dire ce qui est.

Les axes de ce retournement chez Jouve sont bien connus. Il vient d'entrer en possession de ces moyens d'une interprétation unifiée de sa situation d'être humain qui sont, d'une part, le christianisme, d'autre part, la psychanalyse. Deux moyens de connaissance en apparence très opposés tant par leurs manifestations institutionnelles que par leurs présupposés sur la position et l'état du sujet. Deux sources pour Jouve, nous le verrons, d'une possibilité de production symbolique atteignant aux limites, contradictoires, du fait de l'existence humaine. Qui constituent comme des paramètres du territoire hybride qui sera essentiellement le sien — allant, selon sa lecture de la psychanalyse, entre le pôle de l'Éros et celui de la Mort ; partagé, selon son christianisme, entre la bassesse vécue de l'être de chair et le désir d'illimité et d'unité transcendants, vecteur du principe divin.

La pierre d'angle de la construction poétique selon le témoignage de Jouve est ce qu'il appelle le *symbole*. Le travail du poète se fait à partir d'un agencement « symbolique ». Le pouvoir du symbole fait l'objet d'une démonstration et d'une foi avant tout poétiques. Il serait, comme le souligne Jouve dans « Inconscient, spiritualité et catastrophe », avant-propos à *Sueur de sang*, ce par quoi la poésie renoue avec quelque chose comme son énergie primordiale et, du coup, son identité propre et multiforme :

> Dans son expérience actuelle, la poésie est en présence de multiples condensations à travers quoi elle arrive à toucher au *symbole* — non plus contrôlé par l'intellect, mais surgi, redoutable et réel. C'est comme une matière qui dégage ses puissances. Et par le mode de sensibilité qui procède de la phrase au vers et du mot utilitaire au mot magique, la recherche de la forme adéquate devient inséparable de la recherche du fond. Que la Poésie s'avance donc « dans l'absurde » comme ils disent !   (I, 198-9)

Une instrumentalité viscérale du symbole tel qu'il le conçoit fait de ce symbole un moyen de communication intégrale, de corps à corps, pour Jouve. L'identité de poète trouve en même temps sa cohérence autour du symbole comme recherche éminemment *poétique* : « *Dans* Sueur de sang, *dans* Matière céleste, *je me plaçai sous le signe du symbole. [...]. Bien des pièces ne sont que des chaînes de symboles, qui doivent vous entrer dans le corps en passant par vos mémoires.* » (II, 1144). À la frontière de la question du symbole se dresse celle de la forme, de la multiplicité des formes du réel, et de la possibilité de la forme en art. Cela mène Jouve à une métaphysique de la forme, qui place toute action formelle — travail du fini — par rapport à un absolu humain : « *Dans l'inconscient il n'y a qu'une limite : elle est représentée par la mort. Ainsi, ce qui intéresse par la limite la forme, est incontestablement lié à la mort.* » (1124). La métaphysique est suivie de très près par une pragmatique, qui reçoit sa légitimation rhétorique par un appel à l'action « consciente » (ce qui s'avérera synonyme pour Jouve du « supplément » artistique) : « *Le processus originel de la forme change du tout au tout* EN PASSANT PAR LES CANAUX DE LA REPRÉ-SENTATION CONSCIENTE. *La logique veut l'utilisation pragmatique, et le confort. La forme sera alors la condensation heureuse de la vie, la concentration dans le fragment d'une vie dont on peut jouir davantage.* ». Or, ce primat de l'action consciente chez l'artiste, en particulier en ce qui concerne les symboles, est un principe déjà reconnu par Jouve ailleurs dans sa réflexion géné-rale sur la pratique : « *Je considérais* [...] *que la libération des symboles les plus secrets devait aboutir à l'ouvrage, à* LA MISE EN ŒUVRE ENTIÈREMENT CONSCIENTE, *et sans laquelle il n'y avait plus du tout d'art.* » (1077). La position de fond du sujet qui énonce cela est celle d'une lucidité englobant toutes les modali-tés de l'être. L'implication de la conscience est envisagée de l'extérieur, par un sujet de l'œuvre qui trie et agence des données du vécu — c'est-à-dire réalité vécue, ou imaginée : « [...] *l'idée centrale* [de *"Sueur de sang"*] *était de faire se rejoindre et communiquer l'affectivité primaire et* LA DÉMARCHE LA PLUS ÉLEVÉE DE LA CONSCIENCE, *son engloutissement dans la contem-plation.* ». La position du locuteur englobant consciemment la totalité du fait mental humain donne un aspect presque rationnel à la démarche jouvienne. La tentation du système n'est pas loin. Jouve n'est-il pas allé jusqu'à écrire qu'« *au fond, un seul système de symboles traduit notre position dans notre univers, si cette position est sérieuse* » (1112) ? Face au filon symbolique inépuisable d'un système culturel comme le christianisme, un vocabulaire du Tout articulé à travers l'expérience humaine et ses données, on peut comprendre que cette prétention paraisse tenable.

Une autre forme de la tentation se manifeste à un moment clé pour Jouve dans « Moments d'une psychanalyse »[6] — texte que Daniel Leuwers désigne comme le véritable point d'où la rupture d'avec l'œuvre du passé devient définitive (p. 289[5]). On trouve là en aparté comme une théorie des motifs récurrents chez un patient, motifs qui sont également repérables dans les écrits poétiques de Jouve. Ainsi — abordant un motif très fréquent dans l'œuvre poétique — une note en bas de page avertit : « *(Le poil est symbole de l'érotique avec nuance bestiale)* » (II, 1569). L'assurance en ce qui concerne la stabilité des relations symbole-symptôme, contrecarrant le vertige de l'arbitraire linguistique, est frappante. Une autre note attire l'attention sur « *la puissance du mot dit* » (1578) en situation analytique : « *Lorsque l'on a trouvé un vocable qui peut entourer et soutenir un mouvement jusque-là imprécis de l'affect, cet affect devient autre chose par le fait qu'il a été nommé.* ». La désignation fait passer le réel sur un autre plan, inaugure pour lui une existence d'un autre ordre — faisant entendre là déjà comme une théorie à tendance fortement autonomisante des pouvoirs de cristallisation du mot-image poétique.

Partant de la postulation de la stabilité du lien symbolique, Jouve serait donc clairement à la recherche d'une valeur conventionnelle pour ses symboles. Ils n'ont rien de la gratuité de l'objet trouvé surréaliste, alors que ses rapprochements d'éléments ont une violence tout autre que celle du choc de l'image surréaliste. Sa pensée pourrait, de même, être appelée conventionnelle en ce qu'elle vise l'existence publique, la transparence efficace des symboles (même des plus « opaques ») qu'elle véhicule. Ce monde personnel ne cesse d'aspirer à une valeur universelle, à se penser par rapport à une visée de communication intégrale. Mais si Jouve fréquente des systèmes symboliques, et va jusqu'à admettre leur caractère systématique — appréciant ce que peut comporter de socialement puissant la convention surdéterminée — son adhésion dans la pratique n'est jamais autre que pragmatique. Le symbole surgit alors typiquement chez lui selon un mouvement dialectique liant conventionnalisme et transgression.

Car il y a en même temps pour Jouve (sans doute en raison de l'accompagnement de la pratique qu'assure la psychanalyse chez lui) comme une libération des objets dans leur accession au symbolique. Devenus éléments d'un langage symbolique ils se prêtent à la permutation voire à la superposition. Se découpant sur un fond d'obscurité, se dégageant de l'informe, leurs agencements constituent autant d'espaces de sens potentiel. Il y a du coup une contamination voire une superposition potentielles entre ces surfaces. Ainsi, pour en donner un exemple particulièrement récurrent, Jouve pratique-t-il une écriture du paysage avec une terminologie du corps, et plus particulièrement du corps féminin. L'effet du corps-paysage, tout en permettant la généralisation figurée du libidinal — les marqueurs d'une union sexuelle sont partout — ouvre aussi une mobilité plus ou moins infinie des formes symboliques dominantes. Mobilité qui fait écho à l'ampleur d'application des termes clés du discours jouvien. Citons, à titre d'exemple, sa généralisation dans *En miroir* de l'érotique en principe vital de l'unité :

Érotique veut dire : qui a trait à la conjonction amoureuse pour l'unité — et non pas (petit sens) qui traduit une obsession de l'activité sexuelle. [...] Tous les drames et romans du monde reproduisent en somme un seul drame — l'intégration dans la vie d'une « scène capitale » chaleureuse et magique, compliquée d'incidents divers.   (II, 1126-7)

Le symbole comme outil privilégié d'une conscience poétique chez Jouve est à l'image de ce passage par la conscience que le poète revendique pour l'art. Il est ce qui se détache du fond insignifiant, du néant de signification. (La célèbre scène de la première apparition de l'Hélène de *Dans les années profondes* relaie dans une œuvre de prose l'intensité d'une telle emphase symbolique.) Le jeu du devant et de l'arrière-plan fait écho à un travail conscient d'élaboration — de mise en valeur, d'intervention.

> *SI BELLE LA PIERRE BLONDE et reposée
> Dans ces forêts insignifiantes et d'opprobre
> Sous un ciel bleu beau suceur de la mer ;
> Et si troué par le sein de cet air
> Le clocher italien durement illustré
> Car il nie l'étendue complète de la terre.   (I, 226)

L'établissement du sacré — dans la division de l'espace par la désignation — est ainsi susceptible de réconciliation, dans un monde-fait-parole, avec la fondation du fait humain dans l'Éros en tant qu'orientation vers l'unité. L'émergence du symbole se donnant pour gouvernée par des croyances et des engagements théoriques personnels, les symboles effectifs répondent à un besoin d'intelligibilité face à des complexes de pensée et d'affect largement informes ou abstraites. Non seulement des prises de forme, ils relèvent d'un tenir-ensemble, d'une hybridité et d'une surdétermination même pour les plus conventionnels d'entre eux. Leur poids de sens potentiel est un de leurs atouts poétiques majeurs. Or ce potentiel se révèle pleinement par l'acte combinatoire, le placement syntagmatique qu'en fait, dans un deuxième temps, le poète. Pour Jouve cette intensification du monde des formes par une infusion du sens est un préalable au mouvement qu'il appelle le *chant*, à la phase d'énonciation poétique en quelque sorte maximale. L'effet de vérité, le basculement (déchiré, euphorique) dans un mode d'acquiescement au monde, provient d'un répertoire des formes personnellement élaboré et saturé de significations, de rappels possibles, agencés par le travail du poète. Le monde devenu symbolique est un monde, pour ainsi dire, plus vrai que nature. Un monde débordant de pouvoirs de signification :

> Un monde plus vrai, de dix tons plus brillant
> Que le monde
> Plus tiède, chaud, confiant et nourrissant
> Dans l'espérance, que le sein très lourd de la vierge
> Et non touché par le soleil ! Ainsi mon monde
> Est mon chant ô cher cœur. [...]   (« *Éléments pour nature* » ; I, 160)

Avoir « son » monde est ainsi, pour le poète, comme un préalable au « chant ». Le faire « sien » est une épreuve de dosage. Jouve est, dans cette perspective, un maître du brouillage — ou de l'inversion des postulations. Le haut se laisse approcher par le bas, le saint par l'animalier, la pureté par l'impur. La Faute, reconnue, devient nécessaire, motrice[7]. L'artiste ainsi (dans les deux sens) se met bas :

> Ô *DIEU CLAIR, SOUTIENS mes pas chancelants.
> Sombre Cerf, fais trébucher mes pas clairs. (I, 224)

Logique des opposés qui s'équilibrent ou bien travail de la part maudite ? La combinatoire jouvienne est un jeu de dissonance et de symétrie. Ainsi joue-t-il sur la pureté des symboles, sur les registres jumeaux de l'intime (le «*Sombre Cerf*») et du canonique (le «*Dieu clair*»). Il (se) structure par opposition(s), autant au niveau de l'écriture poétique qu'à celui de son discours d'accompagnement. Mais l'opposition est établie pour donner lieu à un mouvement. Parfois ce mouvement est condensé dans un acte unique de composition symbolique. Certains des «symboles» les plus mémorables et les plus récurrents sont en réalité déjà des complexes de symboles — des raffinements d'un complexe déjà élaboré. Qui ont pour eux, d'autre part, toute la puissance du nom propre. Nous pouvons lire, par exemple, vers la fin de *Noces*, l'invocation hiératique mais en même temps enfiévrée de l'image centrale du christianisme :

> Salut vrai corps de dieu. Salut Resplendissant
> Corps de la chair engagé par la tombe et qui naît
> Corps, ô Ruisselant de bontés et de chairs
> Salut corps tout de jour !
> Divinité aux très larges épaules
> Enfantine et marchante, salut toute beauté,
> Aux boucles, aux épines
> Inouï corps très dur de la miséricorde,
> Salut vrai corps de dieu éblouissant aux larmes
> Qui renaît, salut vrai corps de l'homme
> Enfanté du triple esprit par la charité. («*Vrai corps*»; I, 189)

Cette interpellation du corps à la fois humain et divin ou perçu selon cette dualité, figure déjà archi-institutionnelle à travers celui du Christ mourant, est à la fois «chant» et «proprement religieuse». Intitulé «*Vrai corps*», ce chant religieux devient chant du symbole qui repose sur la puissance, la profondeur de l'image du corps crucifié. Mais ce choix est à distinguer d'une volonté d'orthodoxie. Déjà en lui se tiennent tous les paradoxes, toutes les oppositions. Il y a chez Jouve la volonté acharnée d'une mise en crise des systèmes symboliques — une crise qui serait à la mesure de celui qui l'orchestre. Le sujet de l'œuvre, le sujet ultime et donc lucide est ainsi dans un rapport partiel, dialectique avec tout idéal pur revendiqué ou présenté dans un moment de l'écriture.

L'autre pôle de l'équation que nous venons de citer, le Cerf, est une condensation alternative de cette complexité nécessaire. Cette figure est un facteur majeur d'unification dans *Sueur de sang*, surgissant au sein de divers textes présentés dans ce livre. Mais sa présence, lourde, est aussi ambiguë. Jouve souligne rétrospectivement le caractère composite du Cerf comme création quand il le définit comme « *un complexe de symboles : sexe, mort, aussi sacrifice et délivrance* » : « *Il figure souvent cet état anagogique qui marie le ciel et l'enfer, avec les contradictions les plus cruelles* » (II, 1144). La pluralité du Cerf (à majuscule intermittente), qui tient ensemble les postulations contradictoires dans la vision du monde de Jouve, fait sans doute de lui le symbole poétique par excellence — une compression organique de vecteurs et de significations sous un unique signifiant. Le champ de ce signifiant s'élargit de manière moins explicite dans les registres de la nature, de la souveraineté, du sacrifice. Doté d'une majuscule, il proclame son attente d'une reconnaissance cérémonielle. Ainsi exige-t-il une lecture ouverte en tant qu'objet commun, ayant fait ses débuts comme véhicule de significations plus personnelles :

> Si vous cherchez le cerf, il faut vous recueillir
> Pelotonné dans la chaleur de l'unité
> Secrètement à genoux avant l'aube
> Sans haleine dans l'épaisseur des montagnes
>
> (« *Cerf de la nuit* » ; I, 216)

Concentrant l'attirance de la mort pour le sujet, le cerf finit en animal sacrificiel. Le destin sublime du cerf devient donc en partie celui, conventionnel, du bouc émissaire — mais dans un acte sacrificiel imaginé comme unissant sujet et objet. En cela la balle figure la totalité envisageable à travers cet acte ainsi que l'outil qui le rend possible. Démêler les inspirations concurrentes dans ces vers devient chose difficile devant la compossibilité des symboles :

> Bataille subtile habile de vos désirs
> Qui ne trouvera fin que dans la balle,
>
> Et parvenu au point mystérieux et finalement
> La balle ce sera votre ultime désir
> Et tout votre destin
> Projeté dans le sublime destin du cerf
>
> Tandis que le sang très sombrement vous récompense.　　(I, 217)

Le Cerf apparaîtra par la suite comme la figuration de la vie mentale du sujet générique (*soi*), qui éprouve son humanité (dans un vocabulaire et une imagerie à peine convertie de la psychanalyse) comme une série de désirs d'interdit :

> Le cerf naît de l'humus le plus bas
> De soi, du plaisir de tuer le père
> Et du larcin érotique avec la sœur,
> Des lauriers et des fécales amours.　　(I, 220)

Le Cerf devient un principe d'organisation pour un ensemble disparate de vœux et de désirs projeté dans un acte d'invocation. Dans « *Lamentations au Cerf* » ce principe est nommé dans le titre, et nulle part ailleurs. Le Cerf figure ici un destinataire, une possibilité d'énonciation qui permet au poème de s'étirer dans une forme fragmentaire, dissonante, mais non chaotique. Objet trouble de supplication et de désir, le Cerf, dans la figuration de sa mort selon une iconographie chrétienne, devient une sorte de cadre verbal permettant une expression unifiée momentanée à des polarités conflictuelles du psychisme humain. Il y a co-présence des veines religieuse et psychanalytique et cette co-présence représente l'engagement personnel du poète — son acte de composition. S'il y a plus — s'il y a réconciliation effective des deux imaginaires l'espace d'un texte poétique — il s'agit là d'une conquête de l'écriture, un exploit du poème, au lieu d'une opération logique :

> [...] Apparais dans un corps
> Pelage vrai et
>   Chaud, toi qui passes la mort.
> Oui toi dont les blessures
>   Marquent les trous de notre vrai amour
> À force de nos coups, apparais et reviens
> Malgré l'amour, malgré que
>   Crache la blessure.   (I, 222)

Celui qu'il appelle « le thème *Nada* », pour passer brièvement à un autre exemple d'un tel processus à l'œuvre chez Jouve, « purifié » celui-ci, figure la réduction des possibilités de synthèse introduites par le symbole à son expression la plus abstraite — ou à sa limite par soustraction d'objet. Concrétisant le Rien par un vocable équivalent étranger — œuvrant ainsi une qualité d'iconicité verbale — Jouve bâtira autour de ce terme une réflexion poétique s'inspirant de la lecture de textes mystiques précurseurs. Ceux de Jean de la Croix en premier lieu — cité en épigraphe à la section de *Matière céleste* où le thème reçoit son exposition la plus étendue sous ce nom : « *Para venir á serlo todo / No quieras ser algo en nada* »[8]. *Nada* contient au départ deux conceptions antagonistes du rien — annonçant déjà les finalités dialectiques du terme : « *Deux définitions du "rien" : l'absence est opposée à la négation ; l'absence prend déjà le sens de "tout".* » (II, 1139). *Nada* devient, de ce fait, le mot clé performatif d'une réflexion jouvienne sur la poésie, celle-ci ayant lieu en et par lui. Il déclenche dans l'acte même de nommer une conception totalisante du poétique :

Nada fut une vérité intime, une vérité à travers laquelle l'on aspire, une idée qui veut devenir être. Elle était aussi [...] une idée de Poésie. Elle ne peut être maniée que dans la substance, par le jeu contradictoire de l'image à l'intérieur du poème même. Oui, la contradiction est sa sublime vie.

« *Le lyrisme n'est pas l'absence, il est sa réification.* »[9]. On pourrait voir dans les récurrences de *Nada* une participation de fait à cette construction relativement récente du lyrisme par Christian Hubin — le poème devenant du coup un objet de substitution, réponse ponctuelle à cette blessure constitutive de la conscience théorique de Jouve. Ce qui ferait d'un travail poétique conçu sur ces lignes une sorte de névrose institutionnalisée — autrement dit, une façon de continuer à se ressembler. Jouve, par son insistance sur le passage par la conscience, était sans aucun doute lucide sur ce point. Ainsi nomme-t-il, de manières diverses et répétitives, plusieurs versions ou visions de l'unité — le maître-symbole serait celui qui unit toutes les contradictions dans une certaine pente de la réflexion du poète. Le vrai corps unit les postulations contradictoires de l'expérience entre corporéité et spiritualité. Des noms de femme désignent des configurations distinctes de la réflexion sur l'érotisme. Le Cerf agit différemment comme unificateur des deux grands discours de la maturité de Jouve (christianisme/psychanalyse) — et opère l'unité vécue dans une simple énonciation. Le Nada réintègre d'autre part une perspective purement métaphysique — comme une réduction des autres dialectiques jusqu'à la présence du nom propre qui n'en est pas un. Dans chaque cas le poète joue consciemment le tout — mais selon diverses expériences de l'unité, divers plans de l'expérience humaine. Ces complexes peuvent donc être interprétés comme opérateurs de l'unité du sujet — de l'ordre de l'image que lui renvoie son travail. Le travail d'agencement de cet imaginaire multiple est en même temps le travail vers l'unité d'une présence (au monde, à l'expérience) écartelée entre plusieurs postulations.

Version radicalement dépouillée de ce processus, il semblerait juste de parler du *Nada* comme d'un symbole privé de forme, désincorporé — un anti-symbole, un mot hors du langage à la limite, présidant sur une poésie faite d'oppositions et de rapprochements imaginaires et de la violence qui s'en dégage. Mais il devient par cette position-limite le symbole (scriptural, phonétique) d'une finalité unie du processus de symbolisation, ou de son achèvement dans une apothéose de la forme :

Le désir de la chair est désir de la mort
Le désir de la fuite est celui de la terre
L'excrément des villes c'est l'amour de l'or
Le désir de la jeunesse est l'appétit du cimetière
[...]
Et roulant sur la noire paroi de vertige
De ce monde aboli : tu approches de l'Un.   (« *Poème* » ; I, 315)

II

L'Un étant ainsi désigné au bout du travail du symbole, passons au *tu* qui s'approche idéalement de lui — ou, pour rappeler les termes de Barthes, « *tout ce qui peut se rassembler sous la devise même du Miroir et de son Image :* Moi, je. » (p. 99[2]). À l'inauguration de l'œuvre, au moment de la rupture, la position du poète est celle d'une déchéance — entre fascination douloureuse de l'imagination qu'il porte en lui et souffrance dans le passage à l'écrit, le poète sacrifie la parole inadéquate au milieu de la multitude, des villes humaines :

Tu es ma douleur mon effroi mon amour
Ô imagination
Tu es mon bourreau ô livre où j'ai traduit
La montagne la rivière et l'oiseau
Tu es ma misère ô confession.
Ainsi parlait le poète déchu
Et il déchirait son livre imprimé au milieu des villes humaines.
                                        (« *Magie* » ; I, 96)

Cette déchéance sacrificielle prépare déjà la catharsis de celui qui adviendra dans le deuxième mouvement du texte. Figure du poète illuminé, habité, mais aussi de celui qui est déjà passé par l'échec, c'est-à-dire la reconnaissance d'une vanité qui guette à tout moment le texte imprimé, l'objet apparent du travail de poète. Cette reconnaissance, cette lucidité dans la déception voire la désolation, servent chez Jouve de prélude à ce qui est littéralement un enchantement — un passage au *chant* qui restaure la figure du poète tout en le dépossédant à l'extrême. Le poème s'accomplit dans la mise en scène de l'approche de l'événement poétique :

> Et que veut le démon —
> Un livre
> Répondait sa voix éclairée par un ancien cyprès solaire,
> Le tien le mien ou l'autre,
> Écris sous la dictée.
> Et tous les oiseaux chantèrent plusieurs fois sur le ciel.
>
> Et le poète était encore une fois illuminé
> Il ramassait les morceaux du livre, il redevenait aveugle et invi-
> [sible,
> Il perdait sa famille, il écrivait le mot du premier mot du livre.
>
> (I, 97)

Cette logique du qui-perd-gagne est, bien sûr, un refrain structurel de la modernité artistique : payer de sa personne, passer par la souffrance, par la perte, équivaudrait par une sorte d'alchimie morale à croître en autorité morale voire esthétique[10]. On passe ainsi naturellement dans la pratique jouvienne du poème d'une absence à une traduction monumentale de soi. Quelques années après :

> Miracle de la voix, ah si mon œuvre dure,
> Es-tu sorti de ces conditions désertes
> Qui tant de mal faisaient à l'âme et du si pur ? (I, 208)

La pensée dans l'œuvre de Jouve vise une généralité de la condition humaine, une dépersonnalisation continuelle de cette condition par une considération de la sexualité et de la mortalité. Dans cette vision des choses, la conception du sujet n'est pas celle d'une entité en pleine possession de soi et en pleine maîtrise des conditions et des termes de son énonciation. Le sujet souffre, désire, jouit ; il éprouve la honte, l'exaltation, le dégoût, la pureté ; il subit sa condition d'être sexué et fini et rencontre le langage dans un sentiment analogue d'insatisfaction, dans un pressentiment constant de l'inexprimable de ce qui le fait. Cette voix est en décalage avec celle que Jouve laisse entendre dans son *Journal sans date*. Là il réagit à ses critiques, et pour ce faire il adopte une posture tout autre à celle du sujet du poème. Nous apprenons ainsi que le poète se distingue comme acteur conscient de sa vie. Il est celui qui, face à sa condition d'homme, fait des choix :

Il n'est pas permis de dire que j'ai voulu enfermer la Poésie dans la cave des instincts — ou de la fatalité. Ce que je proposai au contraire était l'enrichissement conscient. Je proposai à la Poésie une catharsis de l'âme par son chant, lorsque cette âme a eu la vertu de se regarder et de voir dans sa misère (une misère qui dépasse ce que Pascal avait aperçu, par obligation et obscurité). (II, 1077)

L'instrument de l'engagement conscient du poète serait donc l'idée (la pratique) du chant. La lucidité du sujet de l'œuvre est cependant d'une ambition nettement plus monumentale. Pour Jouve nous passons vite d'une monumentalité d'image à une monumentalité terminologique, sinon tout à fait conceptuelle :

Il faut avoir le courage de penser que l'on a construit, sa vie durant, une cathédrale. Oui telle pensée demande du courage. Il s'agit aussi de ranimer l'idée d'inspiration, sans prendre garde au décri tombé sur elle. Inspiration, un pouvoir occulte d'écouter et de recevoir, de saisir et d'accorder *parfois* des éléments inconciliables : la vision d'autant plus précieuse et aimée qu'elle est plus fréquente, la langue d'autant plus méritante qu'elle est plus rare. L'inspiration établit le joint entre le vouloir « faire juste ce que l'on s'est proposé de faire », et la dictée par les puissances célestes. (II, 1079-80)

Jouve-théoricien revient ainsi à une résolution de ses postulats contradictoires par l'événement qu'est ici l'énonciation inspirée, et plus généralement celui dont la trace durable, le vrai corps, est le texte du poème. C'est le poème qui accueillera les projections de l'unité de fond dont le choix plane sur le spectacle du déchirement jouvien. L'Unité est une préférence théorique face à une multiplicité ouverte des faits, une interprétation jetée sur un relatif désordre par la force d'une vision interprétative. Cette prédilection apparaît clairement dans certains écrits à dimension ouvertement politique des années de la Seconde Guerre mondiale.

Là l'artiste et l'intellectuel peuvent parler d'une seule voix en rappelant quelques scènes capitales du récit national. Cela comporte des enseignements également sur une certaine vision de la communication idéale qui hante celui qui se présente comme croyant à l'apothéose de l'inspiration poétique. Écrivant sur le concept de révolution à travers la figure de Danton, l'histoire et ses acteurs intègrent aux yeux de Jouve la même « perspective religieuse » qu'il ambitionnait pour son écriture poétique. Danton, figure de proue à la grande fête de l'émancipation citoyenne, est un être de participation exemplaire :

L'objet de la foi de Danton est vivant ; la grandeur qu'il chérit est celle de la vérité. Point de dogme ni de théorie dans son esprit : des choses, des êtres. [...]. Danton ne distingue pas entre la France et la Révolution, car tout cela c'est le Peuple, et il vit pour le peuple, il est *peuple*.[11]

Cette attraction pour le pôle de l'unité qui structure l'activité poétique et l'identité de poète est peut-être pour quelque chose dans son écriture de l'Histoire sous un jour sacrificiel — ce qui donne une lecture fortement esthétique d'un ensemble d'actions humaines. Ainsi Jouve reconnaît-il comme relevant du génie national une tendance profondément structurante de son effort personnel en écriture : « *La France ne doit pas nécessairement faire les décapitations solennelles de la Révolution Française, mais il lui faut les accepter et les aimer en arrière, comme œuvres de son courage et de son absolutisme idéal.* »[12]. La Révolution, en d'autres termes, n'aurait été si grande, si admirable, si elle n'avait pas eu ce côté sacrificiel, revêtant ainsi le caractère d'événement absolu. C'est une position analogue à celle propre au poème dans la construction du sujet — qui le distingue autant de ses fondements théoriques que du topique du sujet possédé par une voix inspirée. Ainsi Jean Starobinski reconnaît dans les finalités artistiques conscientes de Jouve ce qui le distinguerait en tant qu'artiste d'un simple relais des théories freudiennes dans le champ poétique :

[...] il a réinterprété les principales données freudiennes, et il n'a pu que se distancier d'une science qui s'était délibérément soumise au seul verdict de l'efficacité pratique. Ce que Jouve dit de Mozart et de Berg vaut pour son option de poète : L'IMPORTANT, C'EST LE « CARACTÈRE FINAL » DE L'ART, SA « VALEUR ESCHATOLOGIQUE ». Si donc Freud fait office de guide et d'interprète dans le dédale souterrain, il laisse, d'une part, le poète libre en face de son propre matériau onirique, et, d'autre part, reste muet sur les fins dernières de la parole, que l'artiste devra inventer seul.[13]

Yves Bonnefoy, pour sa part, a vu dans ce même rôle assigné à « l'Art » par Jouve, et à une finalité proprement poétique de son activité, ce qui relativiserait toute description de Jouve en poète croyant. L'attraction de la force conventionnelle de la religion pour un culte de l'Art comme source de salut possible (c'est-à-dire salut par individuation) remet en question l'authenticité d'un christianisme de Jouve. Bonnefoy voit une chose « *qui contredit* [...] *de front toute expérience authentiquement chrétienne. C'est l'affirmation que fait Jouve, et constamment, de la dignité, de la valeur quasi salvatrice de l'Art (la majuscule est de lui).* »[14]. Il paraît en cela se retrouver d'accord avec Starobinski dans la reconnaissance d'un dépassement par Jouve de ses sources dans la recherche d'une unité propre. Pierre Emmanuel, quant à lui, a écrit du « *pouvoir d'organisation symbolique de cette pensée* » et aussi, non sans paradoxe, de cette « *raison symbolique* » qu'il voit à l'œuvre chez Jouve « *dont l'intellect ignore ou déforme les lois* »[15]. Il réitère sa « *conviction inchangée que Jouve a défini pour notre temps les vrais critères de la poésie, sur lesquels se fonde la conscience poétique moderne* »[15]. Quelles sont les implications — ou les contradictions — d'une telle « raison symbolique » ? Jouve prétend adhérer pleinement à son réseau symbolique et pouvoir le maintenir en objet. Il y a donc une curieuse dichotomie du sacré chez lui — ironiste de son propre ré-enchantement dans son rôle d'intelligence maîtresse, maître d'œuvre, il en est comme parallèlement l'objet sacrificiel principal. Il réclame ouvertement le statut d'agenceur conscient et volontaire de toute une série de dépassements, d'excursions de la raison rationnelle. On n'échappe pas à l'idée que Jouve reste un auteur rationnel du dépassement de la raison rationnelle — que la lucidité par rapport à son geste demeure malgré tout comme une source profonde de son identité de poète.

Cette identité va, d'ailleurs, en se renforçant. L'Artiste devient de plus en plus exclusivement Poète. À partir du milieu des années Trente, environ dix ans après la rupture inaugurale, Jouve se consacre entièrement à l'écriture poétique. C'est une décision à laquelle il restera fidèle. Dans *En miroir*, seule exception de taille à cette règle, il déclare à propos de son ultime récit :

> Par le roman d'Hélène ["Dans les années profondes"], se produisit une chute en arrière assez vertigineuse pour que tout mouvement d'écriture fût condamné d'avance, s'il n'était pas voué à la seule libre Poésie qui, à aucun moment n'ayant été dans le jeu, ne devait rien à personne. (II, 1103)

Martine Broda constate que Jouve présente cette entrée dans la poésie, dédiée à « la Morte », « *comme sa véritable entrée dans l'écriture* »[16]. Cette entrée véritable, stade d'identification intensifiée avec le principe de poésie, fait avancer certains processus déjà entamés. On voit ainsi Jouve ériger la « Poésie » en valeur autonome. À en juger par ses multiples déclarations dans ce sens, la Poésie en tant que réalité artistique a la pureté d'une valeur absolue. En même temps le processus de figuration du poète va son cours. Sujet inspiré voire illuminé, mais en même temps acteur conscient de choix textuels, il se dégage dès lors, s'individualise à la mesure de sa chose. *Dans les années profondes* avait raconté, on le sait, une initiation multiple — au sexe, à la beauté, à la mort, au désir. C'est un récit, selon l'avis de Jouve que nous venons de citer, qui aurait aussi initié le poète à la plénitude de son identité, rendant caduc tout recours ultérieur aux mécanismes de la narration. À partir d'un certain stade dans la compréhension de soi il y aurait donc comme une exigence exclusive d'une écriture « poétique », non pas simplement parce que la poésie serait un degré plus intense du langage, mais parce qu'elle est comprise comme entièrement soustraite aux déterminations et aux limites qui incombent aux autres mouvements de l'écriture. Parler de « poésie » dans ces conditions c'est parler d'une production langagière où le producteur se reconnaîtrait entier parce que l'idée de poésie *même* véhiculerait un effet d'intégralité, de soustraction aux lois de la sociabilité, à une condition déchue du langage. C'est par le langage que le sujet sait sa séparation, voire sa division d'avec soi. Ce sera par la poésie, par la valeur du poétique, que l'écriture deviendra théâtre de l'unité — opératrice de cette unité qui n'est pas dans le monde qui l'entoure, pratique — donc — sans commune mesure avec ce dont elle est issue ; lieu textuel, imaginaire, de l'unité conquise sur la division.

Le support mécanique de l'unité est pourtant indéniablement là : « *"Le poète est un diseur de mots."* » (II, 1080), selon la formulation de Jouve à propos de Baudelaire. Or cette apparente simplicité mène sans détour à une distinction supplémentaire :

J'ai inscrit cette phrase contre le discours en matière de poésie. Le « Diseur de mots » est le poète véritable, celui qui fait rendre au langage tout ce qu'il enferme de l'âme, et non seulement la pensée décantée par la logique, mais l'autre souterraine, qui ne répond à rien. Diseur de mots est celui qui sait établir entre ces mots le potentiel d'une charge nécessaire à l'étagement de mouvements compliqués et d'épaississements graves formant la matière mentale. Songez à un seul de vos rêves. Le diseur de mots est celui qui, dans l'extrême veille, harponne un équivalent du rêve.   (II, 1080)

L'imaginaire de la captation intégrale d'une réalité humaine par une prouesse mentale, un retournement par rapport à une vie mentale commune, est une topique du « discours en matière de poésie » depuis l'époque romantique au moins. Mais notons ici que ce filon métaphorique tranche assez nettement avec le discours sur l'inspiration que l'on a déjà relevée. De nouveau nous sommes devant une attitude de la pleine possession de soi. C'est par l'éveil que le poète s'impose face à l'épaisseur, c'est par cet éveil qu'on doit reconnaître l'authentique *diseur de mots* (identité au demeurant qui semblerait assez banale). Certes, ce qui est harponné déjoue toute schématisation — néanmoins la prétention d'un accès privilégié et révélateur aux fondements même de l'esprit humain est là, c'est le poète qui, à son tour, figure par son existence cette grande promesse. Le texte *En miroir* est franc sur ce point, le titre lui-même le reconnaît — l'effort du *Journal* serait vers une ou des images reconnaissables de celui que l'auteur a cru être. Ce processus de distinction, de raffinement, n'exclut pas une identification par association aux élus : Baudelaire, présence constante dans l'œuvre de Jouve, mais aussi Mallarmé, qui donne à Jouve une réconciliation au moins rhétorique des tensions apparentes à l'issue du portrait que nous venons de citer. Et laisse planer (dans une phrase rapportée par Jouve) l'ambiguïté comme une promesse de plus : « *"À savoir — écrit Mallarmé — que tout hasard doit être banni de l'œuvre moderne et n'y peut être que feint ; et que l'éternel coup d'aile n'exclut pas un regard lucide scrutant l'espace dévoré par son vol."* » (II, 1080). Peut-être est-ce ce regard « lucide » sur l'incontournable coup d'aile qui fait dire au *diseur de mots* qu'est Jouve l'aliénation éprouvée très vite face à ses captations. Pour lui, cette fois à la différence assez tranchée de Mallarmé (c'est d'ailleurs une opposition fondatrice pour Bonnefoy dans son essai sur Jouve) l'image mise en place par le travail accompli est une image périssable pour ce qui est de la constitution d'un sentiment de soi. Si l'Art et la Poésie sont des termes passibles d'une majuscule chez Jouve, avec ce que cela implique de monumentalité et de transcendance, ce n'est pas suffisant pour tirer le sujet qui les crée de sa condition d'être en mouvement, de réalité toujours en train de se faire et de se défaire :

> Le travail a toujours été d'une grande dureté. [...] Au produit de ce travail je suis rapidement étranger. La page écrite, il ne reste que l'inquiétude, avec la faim de la page suivante. [...]
> [...]
> Les divers recours tentés pour unifier et réconcilier, par pleine conscience et espérance, le poète avec lui-même, ont constamment échoué. [...] Le seul recours efficace fut dans *le travail*. (II, 1081-2)

Quel est ce travail de poète, si ce n'est de franchir constamment l'écart toujours menaçant entre texte et sujet — de maintenir une forme de reconnaissance spéculaire, une intelligibilité mutuelle entre ces deux entités fragiles et multiformes ? Les remarques de Jouve que nous venons de citer appellent celles-ci, d'un poète dont l'éclosion est presque contemporaine de la sienne, Henri Michaux :

On veut trop être quelqu'un.
Il n'est pas un moi. *Il n'est pas dix moi. Il n'est pas de moi. Moi n'est qu'une position d'équilibre.* (Une entre mille autres continuellement possibles et toujours prêtes.) Une moyenne de « moi », un mouvement de foule. Au nom de beaucoup je signe ce livre.[17]

Michaux suit à peu près l'envers de la démarche jouvienne, même si l'on est frappé par une communauté d'incertitude entre les deux poètes face aux textes qui les constituent comme tels. Suivant des textes souvent déroutants par une bizarrerie du propos, mais dans une composition donnant à tous moments l'impression d'une maîtrise assez calculatrice de ses effets, cette unité indéfinissable est en fin de compte explosée chez Michaux par les « aveux » suivis du nom d'auteur. Tandis que Jouve, par une conception qu'on pourrait nommer hautement « souverainiste » de l'acte qu'il associe au nom de Poésie, et à une fonction quasi-sacrée de cette forme de production, constitue comme *a posteriori* un personnage d'artiste sans grand-chose à voir avec ce que nous avons pu assimiler de l'intelligence torturée, fébrile qui se manifeste à travers l'écriture proprement « poétique » — le travail de poète auquel le plaidoyer se réfère.

Alors que Michaux semble remettre ouvertement en crise la position du sujet-poète par ses remarques, Jouve revendique fortement la validité des unités structurantes de son monde. Paradoxalement, c'est l'Art, par son unité idéale, sa radicale différence de victoire symbolique sur le chaos, qui à la fois unifie le sujet qui lui donne naissance (l'ayant d'abord forcé à confronter sa désunion et son désarroi intérieurs) et l'individualise devant le commun des mortels. Ayant su voir, le poète peut se prévaloir pleinement de la première personne du singulier. En contemplant son œuvre, il peut se tourner (humblement) vers le monde de ses semblables — qui ne le sont pas tout à fait — et adopter un ton de lucidité.

Cette posture est en tout cas dépendante d'un travail ininterrompu (« *Je me suis interdit toute dépense en dehors du travail. Le bourreau, comme le croyant, veulent que je travaille sans cesse.* » (II, 1082)), faisant de Jouve sans doute un des « horribles travailleurs » de la fameuse prédiction de Rimbaud. Doit-on voir dans la très grande attraction de la musique pour Jouve (la musique communément dite « classique », « canonique », « noble », et non la musique en défaillance ou le simple bruit, comme chez Michaux) une expérience rêvée de l'unité dans la continuité — ainsi que l'union d'un savoir-faire incontestable (côté artisan) et de lois apparemment intemporelles, idéales (côté inspiration) ? Plus loin dans son œuvre de poète Jouve écrira que la « *plus grande vertu s'attache à la musique* » (I, 1117) :

> Il est alors une puissance d'être
> Par le son absolue et sans objet, beauté
> Nouvellement beauté sans toucher notre vie
> Propre sinon la fibre obscure du noir cœur,
>
> Nous sommes ravis dans le conte de nous-mêmes
> Agrandis de puissance et le son et le feu
> Nous suivons la contrée imprévue et humaine,
> Aménité de l'admirable jeu.   (*Moires*, « *Phrase 4* » ; I, 1117)

Cet « *admirable jeu* » désigne encore une fois le lieu et la question du lyrisme et ses manifestations en poésie. Le choix de regarder Jouve en architecte de son propre ré-enchantement de poète peut nous éclairer sur sa valeur à l'époque présente comme représentatif des difficultés d'un lyrisme qui ne se veut pas simplement démission idéalisante derrière un discours de la voix ascensionnelle d'un sujet poétique. La coupure prose/poésie chez Jouve est imaginée en termes d'une discontinuité qualitative profonde — l'écriture poétique serait la suprême valeur tant au niveau des hiérarchies littéraires et génériques qu'à celui d'une prise sur l'intimité, la vérité d'un sujet du poème. La valeur du poétique fait donc l'objet d'un très fort investissement chez Jouve, qui désire le savoir et l'enchantement à la fois, dans une seule et même pratique. Cette valeur s'apparente à celle de la vie même du sujet, la poésie serait le nom de ce par quoi le fait de vivre, pour Jouve, renouerait dans la pratique avec une idée de rédemption. Elle serait à la fois reconnaissance de la situation du sujet et triomphe sur elle. En cela, en ce qu'elle contient l'articulation d'une sortie de l'illusion, le terme *poésie* dénote ces lieux textuels sur lesquels planerait nécessairement un imaginaire de la lucidité. Où par conséquent (au moins théoriquement, au moins pour un temps) l'adhésion du sujet à ses propres images serait la plus totale.

Barthes, dans un fragment sur « l'exclusion » dans le texte auquel nous avons déjà eu recours, situe le « *lyrique* » aux antipodes du détachement (qui serait narratif, explicatif, contestataire, ironique)... et de ce qu'il appelle la place du témoin : lui-même ne serait donc « *jamais lyrique, jamais homogène au pathos en dehors duquel il doit chercher sa place* » (p. 82[2]). *Lyrique* serait ainsi synonyme d'inclusion, d'identification imaginaire à une version de soi-même. Cela permettrait de comprendre pourquoi Jouve a pu servir d'exemple canonique pour cette construction du lyrisme en poésie moderne autour du drame d'un sujet qui se recompose consciemment dans et par l'acte d'écrire poétiquement. Mais approcher son œuvre poétique comme projection d'une lucidité du sujet en chantier, c'est voir aussi comment la lecture de Jouve peut, comme malgré lui et les catégories qu'il profère à travers son œuvre, nous inciter à la méfiance de tout nominalisme pour ce qui est de l'interrogation de la « poésie » moderne.

1. Mikel DUFRENNE, *Le Poétique* précédé de *Pour une philosophie non théologique* (Paris, P.U.F., 1973), p. 65.
2. Roland BARTHES, *Roland Barthes* (Paris, Seuil, 1975).
3. L'*imaginaire* est au nombre des termes « dragueurs » dira plus loin celui qui persiste néanmoins dans son emploi : « *[les termes dragueurs] suivent ce qu'ils rencontrent : imaginaire, en 1963, n'est qu'un terme vaguement bachelardien (*[Essais critiques*], 214) ; mais en 1970 (S/Z, 17) le voilà rebaptisé, passé tout entier au sens lacanien (même déformé)* » (« La mollesse des grands mots » ; pp. 114–5[2]).

4. Il sera principalement question ici de *En miroir* quant au niveau de l'accompagnement. Pour la poésie nous nous concentrerons sur les grands recueils de la décennie suivant le reniement inaugural.

5. Daniel LEUWERS, *Jouve avant Jouve ou la naissance d'un poète (1906–1928)* (Paris, Klincksieck, 1984).

6. « Moments d'une psychanalyse » est signé Dᵣ Blanche Reverchon-Jouve et Pierre Jean Jouve et publié dans *La Nouvelle revue française* en mars 1933 (II, 1551–91).

7. Unanimité à cet égard quant à l'importance pour la poétique jouvienne du texte (en prose) de ce même nom, « La Faute » (1938) (I, 1212-6).

8. Traduction de Jouve : « *Pour parvenir à être tout / Ne cherche à être rien de rien.* ».

9. Christian HUBIN, « L'Entre », *Le Nouveau recueil*, n° 52, sept.-nov. 1999, pp. 92–9 (p. 93).

10. La figure du poète inspiré traverse l'œuvre poétique — voir à titre d'exemple : « *Le poète ne dit qu'un mot toute sa vie* » (*Mélodrame* ; I, 969), autre exemple de réflexion quasi-apocalyptique, où Jouve n'est pas loin de rappeler le « mot de la fin de tout » d'un René Daumal (*Le Contre-ciel* suivi de *Les Dernières paroles du poète* [Paris, Gallimard, « Poésie », 1970], pp. 191-7 : « *Les dernières paroles du poète* » [1936]).

11. Pierre Jean JOUVE, « De la Révolution comme sacrifice » (1944), reproduit in *Europe*, nᵒˢ 907-908, nov.-déc. 2004, pp. 118–24 (p. 119).

12. Pierre Jean JOUVE, « Vivre libre ou mourir » (1942) in *Défense et illustration* (Paris, Charlot, 1946), p. 26. Commentaire de Jouve (dans *En miroir*) : « *Je montrais la grande idée sacrificielle qui parcourt tous les âges de la France.* » (II, 1117).

13. Jean STAROBINSKI, Préface, pp. 7–25 in Pierre Jean JOUVE, *Les Noces* suivi de *Sueur de sang* (Paris, Gallimard, « Poésie », 1966), pp. 19-20.

14. Yves BONNEFOY, *La Vérité de parole* (Paris, Gallimard, « Folio essais », 1995), pp. 469–504 : « Pierre Jean Jouve » (p. 481).

15. Pierre EMMANUEL, « Ma fidélité continue », pp. 44–59 in *Pierre Jean Jouve*, Robert KOPP *et* Dominique DE ROUX (Paris, L'Herne, « Les Cahiers de L'Herne », 1972), pp. 43-4.

16. Martine BRODA, *Jouve* (Lausanne, L'Âge d'Homme, « Cistre essais », 1981), p. 29.

17. Henri MICHAUX, Postface à *Plume* précédé de *Lointain intérieur* (1938) in *Œuvres complètes*, Raymond BELLOUR *ed.* (Paris, Gallimard, « Bibl. de la Pléiade », 1998), pp. 662–5 (p. 663).

4

ENTRE CONTINUITÉ ET MODERNITÉ

UNE QUÊTE INCESSANTE DE LA BEAUTÉ
DANS L'ŒUVRE DE JOUVE

par Géraldine LOMBARD

> « *Je suis belle, ô mortels ! comme un rêve de*
> [*pierre,*
> *Et mon sein, où chacun s'est meurtri tour à tour,*
> *Est fait pour inspirer au poète un amour*
> *Éternel et muet ainsi que la matière.* »
> Charles Baudelaire, *Les Fleurs du mal*
> (« *La Beauté* » ; p. 49[1])

> « *Ô Beauté, inaltérable inexplicable*
> *Intouchable dans le drapé du sein et inoubliable*
> *Harmonie en absurde infini et hautaine et*
> [*vibrante non moins fulgurante adorante*
> *Comme est le corail rose de la femme humaine* »
> Pierre Jean Jouve, *Mélodrame* (I, 945)

> « *Tous ces lieux ont passé, ces Hélènes ont fait*
> *Le monument très lourd et dont les formes sont*
> [*éparses,*
> *La mort va survenir après l'adversité*
> *Les outrages — formant de cet endroit peut-être*
> *Un Ange dévoué à douleur et beauté.* »
> Pierre Jean Jouve, *Moires* (I, 1088)

« MODERNITÉ de Pierre Jean Jouve » : ce thème retenu pour la huitième livraison de cette Série consacrée à l'œuvre jouvienne a le mérite de susciter interrogations et réactions.

Tous ceux qui ont côtoyé Jouve ont tracé de lui un portrait unanime : cet homme, plutôt dandy, ne se conformait pas facilement à la mode et ne cédait pas non plus aux sirènes médiatiques de son temps, refusant beaucoup d'interviews et supportant mal les photographes. Homme secret, taciturne, distant et distingué, il s'est forgé ainsi une image surfaite qui l'a sans doute desservi. Il explique d'ailleurs lui-même dans *En miroir* ce rejet des autres qui était réciproque :

> Quant au mouvement contemporain, je m'en sentais séparé par une glace des plus épaisses. Je les voyais, sans qu'ils me vissent. C'était le début d'un triomphe général : Gide, Valéry, Joyce, Sade, et quelques moindres. Je ressentais, ai-je dit, contre toutes ces faussetés, le besoin d'un contenu religieux de la Poésie. Mais où suspendre une foi religieuse tâtonnante, qui ne s'accordait que rarement avec le dogme ? Je sentais comme évidence que la résultante de toute vraie poésie devait être une force qui transforme le naturel en surnaturel [...]. (II, 1070-1)

D'aucuns évoquent un orgueil démesuré, non de l'homme pour lui-même mais de l'écrivain envers son œuvre, qu'il a bâtie, selon ses propres mots, telle « *une cathédrale* » (II, 1080). Il place ainsi toute son énergie créatrice au centre de cette construction et attendra toute sa vie la reconnaissance des Lettres et des lecteurs[2].

Vouloir définir la modernité de Jouve, c'est se risquer sur des chemins abrupts, mal dessinés, improbables ; c'est avant tout devoir s'interroger sur l'essence de la modernité, son histoire, ses enjeux et ses apports dans l'art en général et la littérature en particulier pour tenter de positionner Jouve dans cet ensemble et montrer son cheminement intellectuel, entre continuité et modernité. Le concept de modernité est un concept plan en devenir qui apparaît subjectif et ne se projette pas dans le temps : ce qui est moderne aujourd'hui sera ancien demain, c'est-à-dire démodé. L'adjectif *moderne*, qui vient du latin *modernus*, signifie qui appartient au temps présent ou à une époque relativement récente et se conforme à l'évolution des mœurs. Mais comme le souligne Philippe Hamon, « *"Moderne" veut dire "à la mode d'aujour-*

d'hui"... Qu'est-ce que la mode ? Le démodé ? On peut très bien pratiquer aujourd'hui une lecture modernisante des écrivains démodés, kitsch. Que faire de ce critère ? »[3].

Bien d'autres théoriciens, philosophes et linguistes ont apporté leurs contributions à la définition de la modernité comme Henri Meschonnic dans son ouvrage intitulé *Modernité modernité* qu'il publie en 1988. C'est avant tout une critique de tous les clichés accumulés sur le sujet et la volonté de réentendre les paroles de Rimbaud, de Baudelaire, sans les déformer : « *La modernité est un combat. Sans cesse recommençant. Parce qu'elle est un état naissant, infiniment naissant, du sujet, de son histoire, de son sens.* » (p. 9[4]). Il met en lumière également dans ce concept l'importance de l'historicité qu'il ne faut pas confondre avec l'historicisme (on ne peut rechercher l'explication de la modernité seulement dans l'histoire) : « *J'ai voulu montrer que c'est un des aspects de la modernité. À la fois le toujours présent et la contradiction tenue avec tout ce qui fait un moment, et que ce moment passe. Pas la datation. Mais ensemble la résultante du passé et l'infini du sens.* » (p. 12[4]). La modernité en littérature doit être également recherchée dans le langage qui maintient le lecteur en état de quête, elle « *est une fonction du langage — du discours. Elle est l'histoire comme discours* » (p. 35[4]), elle est critique, « *elle est une provocation* » (p. 17[4]). Mais elle est aussi « *son propre mythe : celui de la rupture. Et sa déformation perverse : le nouveau.* » (p. 20[4]). Enfin, « *si le moderne est une fonction du sujet, son sens, son activité n'est pas de faire du nouveau, mais de faire de l'inconnu : l'aventure historique du sujet* » (p. 35[4]). Il semble bien que tous les éléments de cette analyse se retrouvent à un degré ou un autre dans l'entreprise jouvienne qui place le sujet au centre de l'œuvre et fait du langage l'instrument d'une quête vers l'inconnu. En revanche, le mythe de la rupture dont parle Meschonnic semble moins facile à démontrer car l'œuvre jouvienne découle d'une continuité littéraire reconnue par l'auteur : celle de Baudelaire et Mallarmé.

On peut dire aujourd'hui, trente ans après sa mort, qu'il n'est pas devenu un auteur classique. Jamais lu ni étudié dans nos lycées, trop rarement à l'Université, il n'a pu obtenir la place et le rang qui auraient dû être les siens dans notre panthéon littéraire français. Cette injustice n'est que la résultante d'une conjonction de malentendus dont Jouve est en partie responsable.

Alors Jouve ? Ni moderne (à la mode en son temps, ce qu'il n'était pas) ni classique (ce qu'il n'est pas devenu) car un moderne qui aurait bien vieilli serait devenu un classique, c'est-à-dire aurait acquis l'intemporalité, l'éternité... Nous ne pouvons donc pas apposer sur l'œuvre jouvienne une simple étiquette : composée de différents genres littéraires (roman, poésie, essai, prose...), elle rayonne par sa complexité qui en fait sa richesse.

Bien d'autres avant nous se sont également interrogés sur ce qui fonde la modernité jouvienne, comme François Lallier :

> Jouve poète est-il toujours de notre temps ? Ou n'est-il que le contemporain, mais marginal, malheureux de Lacan, de Bataille, ou encore de Rilke, pour ne parler que de ceux auxquels il est possible de relier par l'un ou l'autre trait son aventure poétique ? Est-il l'un de ceux par lesquels est venue jusqu'à nous la présence de Baudelaire, de Mallarmé, de Rimbaud, éclairée d'un nouveau et plus vrai jour, ou seulement l'héritier d'une tradition d'un autre temps, marqué par une vue illusoire de la condition poétique ?[5]

Il apparaît clairement que la question de la filiation ou de l'héritage littéraire semble un meilleur angle d'attaque pour pénétrer l'œuvre, l'analyser et ainsi comprendre, non ce qui en fait sa modernité mais plutôt son caractère novateur, voire innovant. Car « *l'artiste, lui, fabrique de l'inédit avec du déjà-dit* »[6]. Jouve n'écrit pas, il récrit. Son écriture est toujours une récriture analytique comme prolongement d'une expérience artistique. Son œuvre est en dialogue permanent avec celles de ses prédécesseurs (notamment Baudelaire et Mallarmé) et se veut une continuation[7]. « Cherchez du nouveau » à l'instar de Baudelaire demeure une devise jouvienne vraisemblable. Toute tentative de définition d'une quelconque modernité doit passer selon nous par ce chemin laborieux que Jouve a suivi pour construire pas à pas son œuvre en inscrivant ses personnages dans une mythologie personnelle, les faisant passer ainsi du transitoire vers l'éternel. N'est-ce pas la fonction de l'art en général et la définition de la modernité que nous suggère Baudelaire dans ses *Écrits esthétiques*? « *La modernité, c'est le transitoire, le fugitif, le contingent, la moitié de l'art, dont l'autre moitié est l'éternel et l'immuable.* » (pp. 372-373[8]). Mais comment emprisonner ce qui par définition demeure insaisissable car justement contingent? La dimension heuristique de l'écrivain apparaît ici avec toute sa puissance car il va être ce découvreur, celui qui fait émerger la beauté (c'est-à-dire l'essence des êtres) pour la matérialiser par l'écriture. Là encore, Jouve s'inscrit en héritier de Baudelaire : « [...] *pour que toute modernité soit digne de devenir antiquité, il faut que la beauté mystérieuse que la vie humaine y met involontairement en ait été extraite.* » (p. 373[8]). Celle-ci va devenir une quête incessante, obsédante, et à cette recherche, Jouve associera la figure de la femme :

[...] il nourrit son œuvre, toute dialectique, d'une ambition hautaine et grave. Ainsi échappe-t-elle aux pièges des clivages réducteurs, aux classements désuets, demeurant libre, d'une très vivante complexité et offrant à tous ses multiples facettes, elle donne à connaître, avec précision, l'absolue sobriété de la Beauté quand elle s'impose. (p. 8[6])

Nous nous efforcerons de montrer comment Jouve parvient à mettre en valeur cette quête incessante de la beauté dans la construction et l'écriture d'un mythe personnel, tout en poursuivant le dialogue avec ses prédécesseurs.

Et si justement la modernité jouvienne résidait dans ce kaléidoscope de formes, de pensées et de sources diverses qui en fait une œuvre unique et un homme libre ?

le dialogue avec les prédécesseurs

Jouve a largement rendu hommage à ses écrivains préférés dans de nombreux textes comme *Apologie du poète*, *En miroir*, *Tombeau de Baudelaire*, *Proses*... Il analyse les spécificités de chaque auteur et de chaque œuvre, ce qu'il leur doit, c'est-à-dire ce qui l'inspire pour pouvoir mieux s'en démarquer sans doute, trouver sa voie et se jouer des extrêmes sans commettre « *l'erreur de ceux qui opposent au "il faut être absolument moderne" le "il faut être absolument soi-même"* » (p. 69[4]). Parmi eux, un phare : Baudelaire dont la lecture de l'œuvre fut une véritable révélation : « *[...] j'arrivai à Baudelaire. Il est certain qu'alors, un voile se déchira. [...] La Poésie fut visible, quand jusque-là seule la Musique était visible. Un changement de proportion dans les choses. Une signification neuve des choses.* » (II, 1063).

En 1947, lorsqu'il publie *Apologie du poète*, Baudelaire est présent dès la première page comme référence morale et spirituelle pour accréditer son analyse de la Poésie qui d'ailleurs commence par celle de l'esthétique baudelairienne : « *Pour lui le Beau est l'absolu — détaché de la vérité comme de la morale [...], de tout enseignement et de toute propagande d'idées.* » (I, 1186). Et Jouve de célébrer après Baudelaire l'utilité de la Poésie car la recherche de la beauté permet d'accéder à la vérité des êtres en mettant en lumière les forces du Mal : « *La vérité profonde est que Baudelaire accorde au Beau une force d'intégration totale, c'est-à-dire que le Beau peut magnifier tout ce qu'il touche, et reprendre, en tant que beauté, le domaine spirituel entier, à savoir le vrai, le moral, et l'amener tout entier à influencer les hommes.* ». Ici, Jouve reconnaît que Baudelaire n'a pas été le seul poète à ouvrir la voie, il élargit alors son hommage :

En quatre poètes français du temps qui nous précède — Nerval, Baudelaire, Rimbaud, Mallarmé —, on voit donc apparaître les premiers actes de ce *drame de l'Éros* qui, en tant que Poésie, se comprend et pour la première fois ose se montrer. Si nous avons à présent quelques lueurs sur les composantes primitives de notre être, l'Éros et la Mort, ennemis complices, puissances biologiques et postulats de l'âme, tout embrouillés enfin par leur commun état de péché, — ces grands poètes sont parmi les plus hardis qui aient eu le courage d'en nourrir l'art, en devançant la connaissance, ce qui était encore en nourrir l'homme.   (I, 1189-90)

Pendant toute la période durant laquelle Jouve cherche sa voie — c'est-à-dire avant 1925, début officiel de l'œuvre nouvelle après le reniement de l'œuvre première — il se nourrit de quelques grandes œuvres :

[...] je cherchais, je trouvais à peine, je repassais mes étapes, je gémissais surtout, j'imaginais voies et moyens, je réappris à prier. Je revenais aussi, enfant prodigue, à mes initiateurs, et je travaillais ces grands textes : *Les Fleurs du Mal, Une Saison en Enfer, Aurélia, Mon cœur mis à nu.* Mais à retrouver ces "phares", je m'éloignais aussi d'eux et pénétrais enfin dans mon propre fond. (II, 1070)

Bien plus qu'une nourriture spirituelle, Jouve puise dans la lecture de ces textes une véritable force créatrice. Ils sont le socle, le piédestal, le ciment de l'œuvre en devenir mais aussi un tremplin duquel Jouve s'est jeté pour voler de ses propres ailes. Il s'agit bien d'un creuset, d'une matrice originelle, d'une relation quasi filiale bien que spirituelle.

En 1958, paraît *Tombeau de Baudelaire* qui réaffirme si besoin était cette filiation profonde et le désir de Jouve d'accentuer, de mettre en avant les ressemblances. Il veut avant tout « *construire un hommage* » (*TB*, 11), « *J'entends dresser un tombeau* » sur lequel il pourra s'épancher : « *Ô cher ô magnifique ô très saint Baudelaire. C'est par un vers improvisé que je commencerai cet écrit : non pas un exposé critique.* ».

Jouve se sent proche d'un Baudelaire rejeté par ses pairs. Cette image du poète maudit l'attire comme un aimant car lui aussi est incompris dans sa démarche spirituelle :

Peu d'artistes ont manifesté par leur souffrance, autant que Baudelaire, le secret besoin de disparaître afin que l'œuvre eût enfin toute sa lumière, et sa *vraie* lumière. Ainsi qu'il arrive toujours, le génie a besoin de temps pour devenir ce qu'il est. Disons aussi que Baudelaire est du petit nombre de ceux qu'il faut toujours *racheter* d'une ignominie déposée sur eux par la grossièreté humaine. Baudelaire le sut mieux qu'aucun autre : Any where out of the world ! (*TB*, 12-3)

D'autre part, il perçoit dans l'œuvre baudelairienne une double thématique — sacrifice, mort — qu'il fera sienne et qu'il veut illustrer dans *Tombeau de Baudelaire* : «[...] *j'entends* [...] *rendre sensible que la souffrance énorme de Baudelaire devait comporter le sacrifice du poète, pour déposer avec lenteur, dans les poèmes, le contenu de son contenu.* » *(TB,* 13).

Enfin, Jouve reconnaît un autre point commun avec le poète des *Fleurs du Mal,* celui justement «*d'extraire* la beauté du Mal» *(TB,* 15), d'éloigner le secret et de faire tomber les masques :

> Extraire la beauté du Mal, c'est donc, sous le couvert d'un masque satanique, et par adhésion, dérision, par perversité aussi, découvrir la noirceur de l'homme et ses fabrications dans la société — faire une plongée de profondeur, et revêtir d'éclat les étranges captures. Mais à ce moment arrive la Mort. *(TB,* 25)

On voit à quel point Jouve va calquer sa thématique sur celle de Baudelaire : Beauté, sacrifice, Mal, secret, masques, mort et inévitablement le péché : «*L'intrusion de la mort fondamentale, Baudelaire l'aperçoit par une prodigieuse introspection. Il sent en lui cet instinct; il sait alors que cela détermine le péché.* » (25-6). Certains thèmes apparaissent comme des protections, des paravents, telle la Beauté qui nous préoccupe surtout ici, face à d'autres : le péché, le Mal, la mort. Jouve l'envisage même comme un « *antidote* » (29), masque des masques :

> C'est le masque esthétique. Baudelaire manifeste sa fierté de le porter, de sa personne à son œuvre. Baudelaire est le serviteur du *Beau.* [...] Baudelaire a complètement rationalisé cette vision de la Beauté absolue, sans liens humains, indépendante du Bien et du Mal. Il a conçu la « poésie fatale ». *(TB,* 29-30)

Jouve rejoint ici les définitions de la modernité données par Baudelaire dans *Le Peintre de la vie moderne,* reconnaissant s'inscrire dans cette filiation et donc faire sienne cette modernité. Nous verrons plus loin que la recherche de la beauté passe par le déchiffrement des corps et notamment des corps féminins qui nous ramène à l'historicité de la vie. Ainsi que l'a remarqué Meschonnic,

[...] cette historicité du corps, Baudelaire est peut-être le premier à la dire ainsi : « *Tel nez, telle bouche, tel front remplissent l'intervalle d'une durée* » [...]. Le paradoxe de cette fascination, c'est qu'elle ne dit quelque chose de l'art qu'en fonction de sa représentation de la vie. La modernité de l'art est seulement alors de présenter le transitoire. Elle est elle-même du transitoire, promis à « devenir antiquité ». (p. 119[4])

Une dernière chose émeut Jouve : la capacité du poète, son courage à s'abîmer, à descendre au plus profond de sa souffrance tout en avançant masqué et à retranscrire ce parcours douloureux dans sa poésie :

Comme le masque Satanique, le masque de la Beauté est destiné à cacher la souffrance personnelle. Baudelaire est un des premiers hommes « condamnés » à faire avec toute leur vie, en plein mystère, dans un siècle se riant de leur effort, une Poésie inutile, ingrate au poète, et qui en raison du lieu où elle s'alimente, doit comporter l'angoisse. Cette nouvelle attitude se trouve bien au-delà de l'attitude romantique ; à vrai dire elle n'est plus une attitude, mais une expérience. (*TB*, 33)

Jouve redira son admiration à Baudelaire dans le recueil *Proses* qu'il publie en 1960 avec le texte intitulé « Le réconfort Baudelaire » en utilisant une prose poétique qui est elle-même un hommage à l'auteur des *Petits poèmes en prose*. On comprend alors que Baudelaire n'est pas seulement un père spirituel mais par-delà la mort, un exemple : « *Il est une référence pour tous les moments de pire douleur. Pour tous les mouvements de transport, d'orgueil et d'inspiration.* » (II, 1246). Lorsque Jouve se sent rejeté ou incompris, la filiation se renforce, son aîné lui montrant la voie et le confortant dans sa progression : « *Il est un soutien dans le métier de poète, devenu plus sinistre encore à l'époque des hautes modes.* » (1247). Mais Jouve insiste surtout sur la thématique baudelairienne qui devient chez lui « *une référence pour le désir, l'éros coupable, l'aventure en forme d'abîme, l'amour de la courtisane* » (1246), et met en lumière le courage d'avoir nommé pour la première fois le Mal, c'est-à-dire les vices et les faiblesses de l'homme pour en faire émerger la beauté : « *Il a cherché les splendeurs secrètes, les forces sourdes de l'intérieur et quel qu'en fût le prix payé. Les poussées anonymes du démon à travers les monstruosités visibles. Ce que les gens savent quand ils le font : le Mal.* » (1247).

Cependant la relation spirituelle que Jouve entretient avec Baudelaire va bien au-delà d'une simple reprise de sa thématique. Jouve place l'Éros comme force créatrice au centre de son œuvre, dépassant tous les préjugés et les tabous sexuels. C'est en cela qu'il est novateur et mérite d'être relu. Quantité de poèmes, d'une beauté pure mais violente, dégageant une force palpable, pourraient illustrer notre analyse. Nous avons choisi cet extrait de *Matière céleste* :

> J'aime et sur cette queue plantée en terre
> Je bâtirai mon église
> La maison avec les pierres nues gorgées de flamme
> L'habitation déchirée par les vents de la confiance
> Le sépulcre sans lit le temple sans porte
> Mon amour sans amour aux chairs de la foi
> Sans corps ni main ni sein ni chevelure
> Ta désolation sans lieu et sans nature.   (I, 316)

Au-delà des hommages officiels que Jouve rend à Baudelaire à travers les essais dont nous avons parlé, il en est d'innombrables, plus discrets, comme l'utilisation de vers en épigraphe avant certains poèmes (« *Ange plein de gaieté, connaissez-vous l'angoisse...* » (I, 544)), la reprise de titres (« *Beauté spirituelle* » (627), « *Art poétique* » (649)), l'évocation du recueil *Les Fleurs du Mal* comme soutien dans les moments de doute :

> Lorsque souvent de langueur je chancelle
> Dans l'épreuve : si mon regard vient à toucher
> Telle page ouverte des Fleurs [...]
> [...]
> Alors un flot de sang comme d'un vrai poème
> M'est aussitôt rendu plus aimant que moi-même
> Pour comprendre les lieux les amours et le temps.   (I, 1101)

Mais surtout il nous faut évoquer une impressionnante intertextualité. Là encore, nous devons choisir quelques exemples et à bien y songer, c'est le très beau poème de *Moires* intitulé « *Passante* » que nous retenons, tellement proche de celui de

Baudelaire « *À une passante* » dans la section des « Tableaux parisiens ». Si la forme diffère quelque peu (un sonnet chez Baudelaire, un dizain chez Jouve), les ressemblances sont étonnantes, amplifiées par l'utilisation de l'alexandrin parfaitement maîtrisé chez Jouve. La mise en parallèle des deux poèmes fait apparaître les concordances :

À une passante

La rue assourdissante autour de moi hurlait.
Longue, mince, en grand deuil, douleur majestueuse,
Une femme passa, d'une main fastueuse
Soulevant, balançant le feston et l'ourlet ;

Agile et noble, avec sa jambe de statue.
Moi, je buvais, crispé comme un extravagant,
Dans son œil, ciel livide où germe l'ouragan,
La douceur qui fascine et le plaisir qui tue.

Un éclair... puis la nuit ! — Fugitive beauté
Dont le regard m'a fait soudainement renaître,
Ne te verrai-je plus que dans l'éternité ?

Ailleurs, bien loin d'ici ! trop tard ! *jamais* peut-être !
Car j'ignore où tu fuis, tu ne sais où je vais,
Ô toi que j'eusse aimée, ô toi qui le savais !   (p. 126[1])

Passante

Aux plis insinuants je revis l'endroit noir
Où des étés passés, passant passés, durèrent
Parfois laissant abîme ou désir vers le soir
Quelque bonheur aussi dont les peines brûlèrent :

Et je parlais tandis que s'approchaient vos mains
Avec incertitude et manières de bêtes
Balancement subtil entre hier et demain
Vous faisiez de l'effet encore ô brune tête ;

Comme la robe rouge en plis marquait un creux
Mes souvenirs sentaient l'abîme derrière eux.   (I, 1085)

Plusieurs occurrences sont communes[9] : *passante, passa* (*passés, passant*), *balançant* (*balancement*), *une main* (*vos mains*), *la nuit* (*le soir*), *en grand deuil* (*noir*). D'autre part, on retrouve le même champ lexical double et antithétique (bonheur, douceur *vs* abîme, brûlure) : *une main fastueuse, la douceur, fugitive beauté* (*plis insinuants, désir, bonheur, balancement subtil, un creux*) ; pour l'abîme : *hurlait, en grand deuil, douleur, l'ouragan, le plaisir qui tue, la nuit, un éclair* (*l'endroit noir, abîme, les peines brûlèrent, manières de bêtes, l'abîme*). Néanmoins chez Jouve, le poème est nostalgique d'un bonheur vécu puisqu'il s'agit d'un souvenir alors que chez Baudelaire, le désir suscité par la passante est resté en suspens et le poème est alors nostalgique d'un bonheur inaccompli. Cela montre bien le cheminement de Jouve par rapport à la thématique baudelairienne : le désir s'accomplit au-delà de l'écriture du poème qui n'en est qu'un prolongement, une manière de l'éterniser.

En rendant ainsi hommage à son maître, Jouve prouve si besoin était, que la modernité n'existe pas par elle-même, qu'elle se nourrit de différents mythes identifiés par Meschonnic (mythe de la rupture, mythe du nouveau) : « [...] *la modernité n'est pas le nouveau, n'est pas la rupture. Mais l'abolition de l'opposition entre l'ancien et le nouveau.* » (p. 76[4]). Ce qui permet au critique de rétablir le sens des propos de Baudelaire sur la nouveauté : « *Identification du nouveau au moderne qui provient, comme on sait, d'un amalgame étranger à Baudelaire. Cet amalgame compose le mythe du moderne, où le mythe de la rupture et celui du nouveau se rejoignent.* » (p. 80[4]).

la quête incessante de la beauté

À l'instar de Baudelaire, Jouve reprend sa définition de la beauté moderne pour l'intégrer à son œuvre et en faire même un principe de construction. Les formes contiennent un sens moral qui n'a rien de figé et que l'art doit révéler. En cela, la modernité s'éloigne effectivement de la rupture et redécouvre la continuité, le continu du rythme et de la vie. Qui mieux que Jouve aura éprouvé la « Modernité Baudelaire », celle qui consiste non pas à chercher du nouveau ou à rompre volontairement avec le passé mais à mettre en lumière le sens de l'historicité de la vie et de l'art ?

Jouve semble éprouver très tôt une fascination pour les corps féminins. Celle-ci contient un caractère fantasmatique, visible dans le morcellement du corps et le choix d'éléments symboliques qui impriment constamment une connotation érotique. Cette attirance se double chez Jouve d'une passion d'esthète pour la beauté physique comme pouvaient en avoir les Grecs. Le corps est élevé au rang du sacré, la beauté est volontairement figée dans le marbre pour que le temps n'ait plus de prise sur elle. La femme devient statue, vouée à tous les fétichismes. C'est là le stade ultime pour cette sublimation du corps féminin, celui-ci étant envisagé comme un objet d'art, pure forme idéalisée et chantée pour sa beauté intrinsèque. Cependant cette forme de vénération comporte un risque, celui de « déshumaniser » les personnages pour n'en faire plus que des images, des symboles qui prennent la forme de véritables reconstructions métaphoriques, le corps de la femme devenant indifféremment corps végétal, animal ou minéral.

La présence des corps féminins dans l'œuvre et surtout dans l'œuvre poétique, se caractérise par des successions d'images qui trouvent leurs origines multiples probablement autant dans la peinture que dans la littérature. Sans vouloir en faire le tour, nous pouvons remarquer des jeux de correspondances avec la poésie du XVIe siècle et les représentations féminines de la Renaissance. À cette époque, des poètes comme Scève ou Marot développent le genre du « blason anatomique » qui pose « *tous les problèmes esthétiques de la* mimesis, *enfermant l'image dans le texte dont la signification n'est que le rapport de l'une à l'autre. Le texte fait image et c'est l'image qui est signifiante* » (p. 50[10]). De plus, cette forme monographique nous intéresse pour d'autres raisons : elle « *inclut à la fois l'érotique du XVIe siècle et l'intuition d'une harmonie universelle, double postulation charnelle et spirituelle qui l'élève parfois jusqu'au sublime, et parfois le ravale au niveau de l'obscénité la plus triviale* » (p. 50[10]).

Les personnages féminins conçus par Jouve ressemblent autant aux Vierges de Botticelli qu'à la Lucrèce de Cranach, à la Laure de Pétrarque autant qu'à la Béatrice de Dante. Son rapport aux corps féminins, vus comme des objets de désir, ne peut être qu'amoureux et complice comme chez les poètes du XVIᵉ siècle :

> Qu'il s'agisse de l'amour de l'art, de la nature, de la nation, des beaux corps ou des belles idées, le langage poétique est inséparable d'une érotique de l'objet et d'une érotique du langage. C'est un mode de relation à l'univers qui entraîne une activité mentale particulière, qui se prend souvent elle-même pour objet.[11]

Plusieurs thèmes qui ressortissent à la lyrique amoureuse et pétrarquisante semblent avoir retenu l'attention de Jouve : l'idéalisation de l'objet aimé qui devient un être intouchable, l'itinéraire symbolique et la stylisation de la beauté, une certaine recherche de purification et de salut dans la quête amoureuse ou encore, le mélange de sensualité intellectualisée et d'érotisme charnels. Mais il trouve aussi dans la poésie de Jean de Sponde ou Maurice Scève les prémisses de l'âge baroque avec un éloge de l'inconstance et le passage du mythe de Tristan à celui de Don Juan qui ne cessera de le fasciner jusque dans le *Don Juan* de Mozart.

On peut s'interroger sur ce désir jouvien d'intégrer dans son œuvre des mythes, voire des éléments mythologiques. Cela n'a rien d'innovant *a priori* mais relève davantage du goût jouvien pour l'intertextualité, ce dialogue implicite de l'art avec lui-même qui implique le lecteur. Il est aussi question de connivences, de reconnaissance, non pas avec d'éventuels contemporains mais avec ceux qui lui parlent ou qui parlent la même langue que lui. On peut ainsi se sentir contemporain de Baudelaire (et Jouve en est un) ou de Jean de Sponde sans pour autant être un poète décadent (et d'ailleurs pourquoi la décadence ne pourrait-elle pas être moderne ? Nous renvoyons là encore le lecteur à l'analyse que fait Meschonnic dans son chapitre « La décadence comme modernité » (pp. 179-84⁴)) ou pire, nostalgique (celui qui verrait la modernité comme le chaos).

Le goût de Jouve pour les descriptions métonymiques et le fétichisme centrés autour du corps féminin peut se rapprocher vraisemblablement du genre des blasons, éloge d'une partie du corps ou du corps tout entier. Nous citons le début d'une épigramme de Marot « *Du beau tetin* » puis le dizain CCCLXXVI de la *Délie* de Maurice Scève :

> Tetin refaict, plus blanc qu'ung œuf,
> Tetin de satin blanc tout neuf,
> Tetin qui fais honte à la rose,
> Tetin plus beau que nulle chose ;
> Tetin dur, non pas Tetin, voyre,
> Mais petite boule d'ivoyre,
> Au milieu duquel est assise
> Une fraize, ou une cerise [...][12]

> Tu es le Corps, Dame, et je suis ton umbre,
> Qui en ce mien continuel silence
> Me fais mouvoir, non comme Hecate l'Umbre,
> Par ennuieuse, et grande violence,
> Mais par povoir de ta haulte excellence,
> En me movant au doulx contournement
> De tous tes faictz, et plus soubdainement
> Que l'on me veoit l'umbre suyvre le corps,
> Fors que je sens trop inhumainement
> Nos sinctz vouloirs estre ensemble discords.[13]

Nous retrouvons, qui plus est, dans ce dernier poème, comme cela est fréquemment le cas dans la poésie du XVIᵉ siècle, la figure mythologique d'Hécate que Jouve a réinvestie dans son œuvre.

Paule Bounin a constaté que dans les blasons du corps féminins, celui-ci est « *parcellisé* » et il

> [...] apparaît quelque peu malmené, ou du moins, même si c'est pour en exalter les beautés singulières, soumis au voyeurisme d'un regard masculin qui se l'approprie avec violence. Détaillé avec précision, il est aliéné, réduit à l'état d'objet de désir, de plaisir, fût-il « poétique ». Mais si dans les cas les plus extrêmes le fétichisme obsessionnel semble propre à favoriser le surgissement le moins contrôlé de l'inconscient, il ne s'agit là que de cas limites. À l'autre extrême, les hommages s'adressent aux parties du corps réputées les plus nobles (l'ouïe, l'oreille, le regard, l'œil et le sourcil qui en est la forme métonymique), les plus aptes à faire passer l'amant à la sphère essentielle de la connaissance.   (p. 52[10])

Dans l'œuvre poétique de Jouve, il y a très peu de poèmes consacrés à une seule partie du corps féminin sur le modèle du « beau Tetin » comme « *Blanches hanches* » dans *Matière céleste* :

> Une joie souterraine est partie loin de moi
> Blanches hanches ! je cours et recours et brandis vers !
> Je soulève le beau vêtement
> Reculé dans les parfums les plus chauds et les plus noirs
> J'épuise dans des bras
> La chaleur de Saturne et la désolation de l'ardeur
> Je tremble encore une fois jusqu'à perdre la raison
> À cause des rutilants soleils de la privation future
>
> Les azurs sonnent clair
> Les dents blanches sont ivres
> Les silences des hanches quand les oiseaux du temps
> Ont presque fini de vivre.   (I, 312-3)

La plupart des poèmes vantent les beautés de plusieurs parties du corps et notamment du sexe, voire du corps tout entier. Mais nous avons vu avec l'exemple de *Délie* que nous pouvons toujours parler de « blason » dans ce cas précis. Pourquoi alors ne pas émettre l'hypothèse que l'œuvre poétique de Jouve est un immense blason du sexe féminin, la partie la plus mystérieuse, celle qui le fait le plus fantasmer, origine de l'œuvre et "origine du monde". Nous avons choisi « *Peau sèche* » dans *Les Noces :*

> C'était autour du Déluge   cristaux
>   feuilles furies écrasées
> Mélanges de couleurs   énormes et pleins ventres
> D'eau à résoudre et de méchanceté ;
> Beaucoup de soleil et de fureur providentielle
> Beaucoup de lumière là-dessus
> Enfin des rocs expirants de chaleur ! enfin de l'ombre
> Aussi sèche que la fièvre, enfin des vents !
> Enfin la fente de la peau odorante au fond des canons
> Rouges, quand elle se promène !
> Qu'elle était belle
> Assise sur sa cuisse pliée, ses puits étant noirs
> Et jouant avec l'harmonica de sa bouche.   (I, 176)

Les blasons de la poésie du XVIe siècle ont fasciné Jouve parce que les mots deviennent des images et la poésie une peinture. Cet art de la description préfigure la poésie symboliste du XIXe siècle chargée de métaphores. Jouve a élaboré sa poétique au contact de ces multiples sources pour produire une poésie pleine d'images et de symboles. Ce dialogue avec ses contemporains choisis ne rend pas sa poésie passéiste et ne fait pas de lui un simple héritier. Au contraire, il devient un passeur, ayant compris que « *quelque chose qui déborde le signe traverse les langues, les époques, inexplicablement. Le passé a de l'avenir, imprévisiblement* » (p. 137⁴). La modernité jouvienne réside aussi dans cette acceptation d'une mission qui place le sujet écrivant au centre d'une aventure esthétique et d'une quête du sens.

Nous avons exploré le corps de la femme jouvienne en tant qu'objet de fascination masculine. Il apparaît que chacune des parties de son corps et son corps tout entier sont métamorphosés, métaphorisés, imagés et la proie de tous les fantasmes. Sans doute, Jouve ne transcrit-il qu'un topos, une attitude commune à tous les hommes qui font du corps de la femme le symbole de la vie, de la beauté et de la grâce.

Cependant chez Jouve, la sublimation première permet à l'œuvre de s'auto-engendrer de romans en recueils de poèmes. Le corps de la femme est véritablement le sujet de l'inspiration jouvienne, son sexe étant le centre qui catalyse toute l'énergie créatrice. Comme la femme donne naissance aux générations futures, l'écriture jouvienne se génère à son contact.

Ainsi nous formulons l'hypothèse selon laquelle Jouve entretiendrait avec son œuvre les mêmes relations qu'avec les femmes : des relations conflictuelles, contradictoires, pleines d'adoration et de répulsion, faisant de la femme comme de l'œuvre des maîtresses exigeantes et fantasques. Le corps féminin subit les assauts de l'écriture qui en fait une matière malléable ou encore un livre pour lequel Jouve ne serait plus qu'un déchiffreur de ténèbres.

mise en valeur de cette quête dans la construction
et l'écriture d'un mythe personnel

On peut se demander pourquoi la lecture de l'œuvre, tout en demeurant fascinante, continue après bien des investigations à résister à l'analyse comme l'a écrit encore récemment Daniel Leuwers dans la revue *Europe* : «*Le secret demeure intact, l'émotion toujours neuve — et l'interrogation sans réponse.*»[14]. Jean Starobinski suggérait déjà en 1946 : «*Il ne s'agit pas, en fait, de la difficulté intrinsèque de cette œuvre, mais de l'effort qu'elle* exige *du lecteur pour se laisser complètement appréhender.*»[15]. Sans doute, contient-elle aussi une *attente* non encore assouvie et qui maintient le lecteur dans un état de recherche perpétuelle ; l'œuvre étant elle-même une *construction* sans limites et une quête infinie. Le risque est majeur de la trahir, de la meurtrir ou au contraire de l'épargner. Mais l'œuvre force au dévoilement car elle semble contenir un *secret* qui lui imprime son mystère et sa beauté, en mêlant indubitablement le réel à l'imaginaire, la biographie à la fiction. Il nous importe de montrer dans la réflexion qui va suivre en quoi la quête jouvienne et les moyens utilisés pour la mener à bien sont modernes. Est-ce que le mythe personnel que Jouve a construit nous parle encore aujourd'hui ?

Nous définirons sa modernité en explorant la place du Je comme sujet et le rôle de la subjectivité puis nous montrerons que la construction de l'œuvre ne se fonde pas seulement sur la mémoire et la relation au passé mais aussi sur l'invention, la connivence ludique avec le lecteur. Enfin nous réaffirmerons que la modernité jouvienne n'est pas seulement formelle mais s'inscrit dans la quête du sens de la vie et de l'art avec l'aide d'une thématique, là encore personnelle.

Si nous reprenons les analyses de Meschonnic sur la modernité, nous comprenons que « *le problème du moderne est double. Il se défait sans cesse, avec le temps, en ce qui est, et ce qui reste, moderne* » (p. 33[4]). Le seul élément tangible demeure donc le langage qui permettra à Humbolt, Saussure et Benveniste d'élaborer une poétique de la modernité. Et Meschonnic de dire tout ce qu'elle n'est pas : « [...] *la modernité n'est pas la propriété d'un objet. Une qualité. N'est pas un style. Ni le nouveau. Il passe plus vite qu'elle. Ni la rupture, qui l'objective encore.* » (p. 33[4]). L'autre problème de la modernité ou du moderne, c'est que « *ce terme n'a pas de référent. Fixe, objectif. Il a seulement un sujet. Dont il est plein. C'est le signifiant d'un sujet* » (p. 33[4]). Pour Jouve, la recherche de la modernité n'est possible qu'au prix d'une exigence de rigueur dans la construction de l'œuvre et la création des personnages qui représentent « le sujet » et se font les interprètes d'une quête personnelle, celle-ci ne se démarquant jamais de la subjectivité de l'auteur. D'ailleurs pour Meschonnic, dans la lignée de Jauss, « *la modernité est le mode historique de la subjectivité* » (p. 37[4]). La création des personnages jouviens qui coexistent dans l'œuvre est donc le résultat d'un processus complexe. Jouve n'est certes pas le seul écrivain à avoir élaboré une œuvre où se mêlent fiction et réalité, où la matière des mots renferme une part de vécu. Mais chez lui, les personnages apparaissent dans un premier temps comme des êtres purement fictionnels imaginés pour peupler une construction savante. Le lecteur se prend au jeu, s'y perd aussi — cela appartient bien à notre modernité — jusqu'à ce qu'il découvre que l'auteur a semé des indices précieux tout au long de sa route. Il ne reste donc plus qu'à les rassembler, reconstituer le puzzle d'une carte d'identité qui lui permettra de relier l'expérience vécue par Jouve avec le mythe intérieur transposé dans son œuvre. Gabriel Bounoure l'avait bien compris qui disait du roman :

Qu'est-ce que le roman pour Jouve ? C'est une création littéraire, ouverte au devenir du destin, à la terre, à la vie ordinaire des créatures, au quotidien, au commun, et cependant une création qui s'élabore dans un lieu très « secret », très « profond », qui n'appartient en rien à la vie « commune ». Donc écrire un roman : unir des états hétérogènes.[16]

Les personnages jouent un rôle précis dans la cohésion et l'unité de l'œuvre en passant d'un roman à l'autre : « *Ce procédé consiste à faire passer Paulina de* Paulina *au* Monde désert *et Luc Pascal du* Monde désert *à* Vagadu. »[17]. Le lecteur est vite surpris mais fasciné par ce jeu de miroirs qui instaure une connivence très forte entre les personnages, une complicité sans cesse renouvelée entre l'auteur et le lecteur. Certes, on pourra nous rétorquer que Jouve n'a rien inventé, que Balzac utilisait déjà ce procédé, mais l'œuvre jouvienne va beaucoup plus loin dans son exploitation : la construction est si serrée que chaque personnage dépend toujours d'un autre qui l'a précédé et engendré. Chacun est investi à son tour par la thématique jouvienne et en représente un ou plusieurs aspects dans l'œuvre. Tous semblent autonomes et pourtant aucun personnage ne peut être supprimé sans nuire gravement à l'architecture de l'Œuvre, conçue comme un Tout. Jouve crée ainsi un nouveau type de personnages, à rapprocher de ceux qui fondent la *"Recherche"* de Proust, et qui n'ont pas d'existence les uns sans les autres. D'une façon générale, nous pouvons affirmer que dans *Paulina 1880* Jouve a développé le thème de la Faute, dans *Le Monde désert* et *Hécate* celui de l'Éros (*Vagadu* n'étant qu'une analyse du comportement de Catherine) et dans *La Scène capitale* celui de la Mort qui est le résultat et la conséquence des deux précédents, passage obligé pour atteindre ce qu'il nomme l'Unité. Les trois personnages principaux sont donc trois êtres féminins : Paulina la pécheresse, Catherine l'actrice énigmatique et Hélène « *la nourricière érotique des hommes* » (II, 1001) qui opère la synthèse : amante, mère, sœur, source, femme. Comme dans la poésie, le roman développe la même thématique, sans jamais la trahir ou la modifier alors qu'il est soumis bien davantage au réel et au biographique ce qui lui permet de conserver ainsi son caractère fictionnel.

À la thématique s'ajoutent parfois d'autres artifices de l'écriture (des répétitions bien placées) qui accentuent la cohésion entre le roman et la poésie et qui font appel à l'intelligence du lecteur, sans cesse en état d'alerte, pour repérer ces éléments. Cela produit immédiatement un effet de surprise duquel découle une stimulation, une recherche immédiate qui illustre la modernité jouvienne. Jérôme Thélot a justement remarqué ce phénomène : « *Un détail révélateur : le premier adjectif de* Dans les années profondes *revient comme dernier adjectif à la dernière page du récit ; c'est* inépuisable, *qui ouvre et qui clôt la narration de la mort d'Hélène.* » (p. 80[18]). En effet, nous pouvons lire au début du récit : « *Il y a dans le rapport de ces régions quelque chose d'inépuisable et de mystérieux* » (II, 961), et à la fin de celui-ci : « *Je quittai le château de Ponte sans tourner la tête. Là — je le sus plus tard — s'était ouverte pour moi une source parfaite, c'est-à-dire inépuisable.* » (1050). Cela pourrait ressembler à un banal artifice d'écrivain qui par l'usage d'un mot répété donnerait un aspect parfaitement fini à son œuvre, dans une apparente structure en boucle. Cependant ce genre d'accusation ne peut être fondée concernant Jouve car sa recherche continue au-delà du roman : « *Voici que nous retrouvons dans l'écriture poétique, de l'autre côté de la mort d'Hélène et après le sacrifice du roman, ce mot même,* inépuisable, *qui disait* Dans les années profondes *le bonheur de l'intemporel et du paradis infini.* » (p. 83[18]). Cela montre assez et dans les plus infimes détails à quel point le roman et la poésie sont liés :

> Où es-tu la toute inépuisable sœur
> Va le temps compte peu les dernières luxures.　　　　　(I, 286)

La critique jouvienne se range après bien des débats derrière cette évidence : « *On s'aperçoit bientôt qu'on ne peut pas non plus séparer les œuvres en prose des poèmes de Jouve, les romans formant comme le "tuf" de sa poésie.* »[19]. En effet, nous pouvons considérer que le roman joue un rôle de matrice pour l'ensemble de l'Œuvre, véritable fondation sur laquelle se bâtit la poésie après 1925. Il représente aussi par définition ce qui est caché, enfoui, mystérieux et contient les origines de l'Œuvre.

Que l'on considère l'œuvre d'un point de vue stylistique ou thématique, la conclusion demeure identique et se résume en un seul terme : construction. Rien dans cette œuvre n'est laissé au hasard. Si chaque roman ou recueil de poèmes peut se lire séparément, leur association forme un tout qui incite le lecteur critique à rechercher toutes les interactions possibles et à mettre en lumière les liens secrets. Jouve réussit parfaitement selon nous à produire une œuvre unique tel qu'il le désirait à partir de 1925 : « *Je souhaitais, pour la nouvelle vie de mon travail, faire une œuvre courte. J'ai toujours envié le poète d'un seul livre.* » (II, 1079). Mais cette définition demeure originale puisqu'elle est composée de plusieurs ouvrages et non d'un seul, qu'elle associe différents genres littéraires et qu'elle trouve son unité à travers une thématique commune et un jeu complexe de ramifications : « S'échafaude dès lors toute une architecture qui multiplie les ponts de roman à poème, de poème à poème ou à essai critique en des réseaux si serrés que l'on a plutôt l'impression d'une œuvre unique que d'œuvres indépendantes écrites et publiées à de nombreuses années de distance. »[20]. Jouve a prévu par la disposition des textes dans l'œuvre et leur enchaînement un parcours obligé pour le lecteur qui donne aussi du sens à l'œuvre romanesque : « *Dans une sorte de structure spiralée l'expérience de* Paulina *constitue la genèse,* Le Monde désert *et* Hécate *font ressortir les phases les plus sombres,* Vagadu *jette quelques lueurs, la mort d'Hélène (*La Scène capitale*) opère la synthèse, qui est limite, épanouissement, faisceau harmonique et clair où s'abolissent toutes les discordances.* »[19].

Nous venons de confronter différents points de vue critiques qui ont analysé la construction et l'écriture du mythe féminin chez Pierre Jean Jouve en s'interrogeant sur sa modernité. Force est de constater malgré les divergences qu'un consensus s'est établi autour du personnage d'Hélène, véritable lien thématique entre la prose et la poésie : « *La figure d'Hélène est au centre de l'œuvre de Jouve ; [...]. De sorte qu'elle semble assurer la continuité et l'unité de l'œuvre par-delà les distinctions génériques, comme une médiation thématique.* »[21]. D'autre part, plus personne ne doute que l'œuvre soit une construction savante, extrêmement maîtrisée et contrôlée, ne laissant rien au hasard contrairement aux apparences, c'est-à-dire au mystère certain que Jouve jette sur elle par l'intermédiaire de textes critiques comme *En miroir* et *Commentaires*. Il semble vouloir donner de lui-même une image de démiurge, de poète inspiré : « *J'avoue un état de secret. Il faut entendre par là que je reconnais le lieu profond de l'œuvre faite, l'endroit où elle s'alimente et vit, qui n'est à aucun degré un "lieu commun".* » (II, 1057). La contradiction est d'autant plus forte qu'il revendique un état d'inspiration établissant « *le joint entre le vouloir "faire juste ce que l'on s'est proposé de faire", et la dictée par les puissances célestes* » (1080). Jouve parvient à transfigurer le réel pour l'élever au rang de mythe en s'appuyant sur une construction unique où roman et poésie se complètent. Bien qu'il réaffirme avec force le pouvoir des mots jusque dans ses derniers écrits, il apparaît que l'œuvre est ambiguë, contradictoire. À moins que cette contradiction ne soit le portant d'une architecture, les arêtes vives, apparentes qui renforcent l'unité de l'œuvre et justifie la quête de perfection jouvienne.

Finalement la part du biographique contenue dans l'œuvre est peu importante, vite relayée par le mythe d'Hélène qui est le produit d'un jeu sur le réel fusionnant avec une matière fictionnelle. Le rôle de la femme dans l'œuvre demeure déterminant en cela qu'elle est une source d'inspiration mais surtout qu'elle porte en elle le poids de la faute. Cependant, nous constatons qu'elle semble un prétexte pour l'écriture, Jouve l'utilisant à des fins personnelles comme un modèle qui aurait pour seule fonction de présenter la thématique dans toute sa dimension et son éclat. En d'autres termes, nous pensons que Jouve entretient avec les personnages des relations ambiguës, possessives, qui le poussent à les détruire volontairement pour que renaissent le mythe et l'écriture. Car, pour Jouve, l'écriture apparaît en définitive comme l'instrument d'une quête dans laquelle il nous entraîne malgré nous. Elle semble être le sujet de l'Œuvre car à travers elle, Jouve recherche le Salut. Le travail sur cette probable fonction cathartique de l'écriture mobilise tous les efforts de l'auteur devant la page blanche. Chaque mot écrit semble une revanche sur la mort et justifie aussi la perpétuation de la thématique dans la poursuite de l'œuvre poétique après la mort d'Hélène et du Roman. Et ce travail ne s'accomplit entièrement qu'à travers les fonctions du Sujet, le personnage d'Hélène étant le catalyseur de ces fonctions. La modernité jouvienne est bien à rechercher dans ce jeu avec le Sujet et ce qui se cache dans l'emploi du pronom personnel *je*. Cela renvoie à la définition que Benveniste en donnait dans « De la subjectivité dans le langage » : « [...] *"je" désigne celui qui parle et implique en même temps un énoncé sur le compte du "je".* » (p. 33[4]). Mais ce Je parlant, c'est aussi « *un homme parlant à un autre homme* » (p. 33[4]) ce qui rejoint également la définition de la modernité de Meschonnic, révélant une contradiction :

> Ainsi, ce qu'il y a de plus moderne au monde est le sujet. Il commence à être moderne, il travaille à être un sujet, quand il ne se reconnaît plus dans le présent, et il s'oppose, à tout ce qui maintient la théorie et la société traditionnelles, son refus.
> C'est ce qu'il y a d'utopie dans la modernité. (p. 301[4])

Nous avons vu tout au long de cette analyse comment Jouve avait volontairement entretenu un mystère centré sur la construction de l'œuvre et ses rapports avec les personnages. L'écriture jouvienne contient cette tension qui lui donne un caractère unique : elle laisse constamment transparaître les désirs de l'auteur et dans le même temps voudrait les réfréner. Nous avons également observé qu'après la mort d'Hélène, l'écriture prenait davantage une coloration cathartique, qui se voulait un moyen pour la rejoindre dans la mort, par-delà les mots. Ainsi elle permet au poète de surmonter la perte de l'être aimé et plus qu'une simple délivrance, apparaît comme un instrument de jouissance pour posséder le monde en le recréant. La motivation essentielle de Jouve réside alors dans la création d'une poétique du désir qui ne se porte pas uniquement sur la figure féminine mais sur l'ensemble de l'œuvre. La mise en valeur de cette quête incessante de la beauté — dans le sens défini par Baudelaire — permet d'atteindre l'idéal que Jouve s'est fixé : construire une œuvre unique, fruit de ses propres contradictions, sans les annihiler mais en les mettant dans la lumière pour en montrer la beauté et la force. C'est bien en cela que Pierre Jean Jouve est un auteur moderne et pas seulement l'héritier courageux et exemplaire de Baudelaire. L'ensemble de son œuvre explore le champ des possibles car « *il n'y a pas de sens unique de la modernité, parce que la modernité est elle-même une quête du sens* » (p. 47[4]) et nous serions tentée d'ajouter, une quête de l'éternel. Ainsi Jouve n'est ni un classique, ni un moderne mais celui qui se permet de revenir éternellement à l'origine, qui ne se contente pas de chercher mais qui tend vers... et transforme l'éphémère en immuable permanence dans une œuvre sur-vivante :

> Et le poète était encore une fois illuminé
> Il ramassait les morceaux du livre, il redevenait aveugle et invi-
> [sible,
> Il perdait sa famille, il écrivait le mot du premier mot du livre.
>
> (I, 97)

Les lecteurs jouviens semblent avoir reçu cette œuvre en testament pour qu'elle survive, par-delà la mort, même secrètement.

ÉDITION UTILISÉE

TB   *Tombeau de baudelaire* (Paris, Seuil, 1958).

*

1. Charles BAUDELAIRE, *Les Fleurs du mal* (Paris, Gallimard, « Poésie », 1972).
2. Il ne reçoit le Grand Prix national des Lettres qu'en 1962 à l'âge de soixante-quinze ans et le Grand Prix de Poésie de l'Académie Française en 1966.
3. Philippe HAMON, « Il existe un purgatoire pour les classiques », *Lire*, n° 321, déc.-janv. 2004, pp. 40–2 (p. 42).
4. Henri MESCHONNIC, *Modernité modernité* (Paris, Gallimard, « Folio essais » 234, 1993).
5. François LALLIER, « L'Invention de Pierre Jean Jouve », *Nu(e)*, n° 28, mars 2003, pp. 33–56 (p. 33).
6. Christiane BLOT-LABARRÈRE, « Avant-propos » (*PJJ7*, 3–8), p. 4.
7. Voir l'article d'Anne Chevance, « La Prose poétique de Jouve entre lecture et écriture » (*PJJ7*, 161–86), notamment pp. 168-9 où elle explique que la méditation autour de l'œuvre baudelairienne permet à Jouve d'achever la sienne.
8. Charles BAUDELAIRE, *Écrits esthétiques — le peintre de la vie moderne* (Paris, U.G.É., « 10/18 », 1986).

9. La première occurrence est de Baudelaire, celles entre parenthèses sont de Jouve.

10. Paule BOUNIN, « Les Blasons du corps féminin dans les textes du XVIe siècle », pp. 50-4 in *Le Corps* (Paris, Ellipses-Marketing, 1992), t. II.

11. Claude-Gilbert DUBOIS, *La Poésie du XVIe siècle en toutes lettres* (Paris, Bordas, 1989), p. 6.

12. Clément MAROT, *Œuvres poétiques* (Paris, Flammarion, « GF », 1973), « *Du beau tetin* » (1535), p. 402.

13. Maurice SCÈVE, *Délie* (1544), CCCLXXVI, cité p. 53[10].

14. Daniel LEUWERS, « Jouve revisité », *Europe*, n° 907-908, nov.-déc. 2004, pp. 3–11 (p. 11).

15. Jean STAROBINSKI, « Situation de Pierre Jean Jouve », pp. 11–53 in Jean STAROBINSKI, Paul ALEXANDRE, Marc EIGELDINGER, *Pierre Jean Jouve poète et romancier* (Neuchâtel, À la Baconnière, 1946), (p. 17).

16. Gabriel BOUNOURE, *Pierre Jean Jouve entre abîmes et sommets* (Montpellier, Fata Morgana, 1989), pp. 163-4.

17. Christiane BLOT-LABARRÈRE, « *Le Monde désert*, *Hécate* ou à travers la noirceur de la nuit » (*PJJ 1*, 11–32), p. 16.

18. Jérôme THÉLOT, « Hélène, Lisbé » (*PJJ2*, 75–91).

19. Béatrice BONHOMME, *Le Roman au XXe siècle* (Paris, Ellipses, 1996), p. 55.

20. Béatrice BONHOMME, « Les Jeux de l'écriture et la quête du sacré dans l'œuvre de Pierre Jean Jouve », thèse (Université de Provence, 1987), p. 334.

21. Dominique COMBE, « Pierre Jean Jouve : du romancier au poète, une filiation », *Littérature*, n° 72, déc. 1988, pp. 81–90 (p. 81).

MODERNITÉ DE PIERRE JEAN JOUVE
À TRAVERS
L'ŒUVRE DU POÈTE SALAH STÉTIÉ

par Béatrice BONHOMME

S ALAH Stétié est sans doute le poète qui se pose avec le plus
d'acuité, une acuité presque obsessionnelle, le problème de
la modernité de Jouve :

> On m'a souvent demandé, on me demande aujourd'hui encore — à moi
> qui l'ai beaucoup fréquenté et sur plus de trente ans [...] de dire ce que
> Jouve représente désormais. Qui est l'auteur d'une œuvre qui fut tout à la
> fois admirée et délaissée, et que nous sommes plusieurs à placer parmi les
> plus hautes, ou, qu'est-il cet auteur, vingt-huit ans après sa mort ? (p. 14[1])

Il est significatif que Stétié ait accepté de s'exprimer à propos
de Pierre Jean Jouve à plusieurs reprises et je ferai plus particulièrement référence à trois textes, un texte qui date de 1972 et a
été publié en 1996 par Renée Ventresque et Paule Plouvier dans
Itinéraires de Salah Stétié[2], un autre qui date de novembre 1996,
offert en hommage à Heather Dohollau[3], un dernier qui date de
novembre-décembre 2004, « La lettre P » dans le numéro
d'*Europe* coordonné par Daniel Leuwers[1], et à deux entretiens
qu'il a eus avec moi pour la revue *Nu(e)* en 1996[4] puis en 2004[5].
Dans le premier texte, « Qui fut cet homme », qui fait référence implicitement au titre de Pierre Emmanuel publié une

première fois en 1947, *Qui est cet homme*[6], Stétié insiste sur la profondeur de Jouve et sur ce « *fond noir à contenter* » (p. 49[2]) emprunté au Journal de Delacroix. Jouve est ce poète qui « *fait se lever du plus profond terreau le blé noir* » (p. 49[2]), écrivain attiré par l'abîme et par « *ce trou sans fond* » (p. 49[2]), argile noire et placenta sanglant de *Sueur de sang*. Tout alors, de la lecture stétienne, est centré sur le phénomène de réversion qui va du plus bas vers le plus haut « *comme si, très haut, après la traversée de bien des miasmes, survenait l'oxygène* » (p. 50[2]). Comment faire dialoguer le trou et la montagne, là où la matière devient céleste ? Ce qui incarne enfin le mouvement de réversion du bas vers le haut est la femme, mouvement permis par son sacrifice même : « [...] *bonheur et malheur indissolublement liés* [...] *et parce qu'elle est le sang vivant, elle est le sang mort* » (p. 54[2]).

Y a-t-il en elle, quelque part, de l'innocence ? Peut-être à l'aurore d'elle-même, quand il y eut pour elle un jardin, et plus tard après la saison doulou-reuse, après la mort, quand le paysage où elle fut projetée métaphorique-ment par l'assoiffé délire désirant se reconstitue dans la songerie désespérée (pacifiée) de l'amant en mémoire d'Hélène perdue. Elle récupère une qualité d'innocence par la vertu du trop grand malheur qui, par elle, tombe sur le monde et qui, du même coup, la purifie dans le sang de la victime, qu'elle est. La mort est le don vivifiant qu'elle apporte — je veux dire aussi sa propre mort.   (p. 54[2])

Et cette catastrophe intime personnelle est lieu d'amarrage de la catastrophe cosmique. Stétié insiste sur la notion de faute et de péché ; l'homme porte en lui dans la formation même de sa conscience et dans l'écho venu de sa nuit, la marque ineffaçable de sa misère et du déchirement. *Sueur de sang* est le livre par excellence du combat obscur, *Matière céleste* est celui d'une mémoire. Stétié évoque l'importance du geste de l'écriture : « [...] *il a sur un papier longuamoureusement choisi, d'une écri-ture fine et couchée légèrement, sans pleins et comme tout en déliés invraisemblables, aussi précise que musique gravée, beau-coup écrit* » (p. 52[2]), et d'un désengluement du matériel à partir de *Langue* qui trouve une parole diaphane et délivrée, puis Stétié rêve sur le double nom du poète, reprenant encore le thème de l'unité des contraires et de la dualité, Pierre Jean Jouve est en effet Pierre et Jean tout à la fois, ambiguïté fécondante, contradiction douloureuse.

Dans le deuxième texte, Stétié insiste sur « *l'énigme en soi de la poésie* », et sur le phénomène de « *conversion* » déjà souligné dans le premier texte sous le nom de réversion : « [...] *effort visant à la conversion du signe, boue baudelairienne comptable d'un or absolu, réversibilité nécessaire et malaisée. Ainsi décrit, le dessein poétique épouse à s'y confondre le dessein spirituel.* » (p. 92³). Il montre la poésie de Jouve se fondant sur trois inspirations complémentaires, le niveau psychanalytique, le niveau spirituel et le niveau esthétique qui est, par la poésie, la conciliation des deux autres et leur fulgurante synthèse. Stétié affirme encore l'ambiguïté fondamentale de cette poésie, ambiguïté et réversibilité lisibles dans le symbole du cerf particulièrement évocateur de cette dynamique double, du cerf au Christ. Parole alourdie puis allégée, matricielle et céleste à la fois, fondée sur un mal dialectique où la prostituée « immonde » devient comptable métaphysique, femme ouverte sur le spirituel, femme absolue associée aux symboles complexes de l'œil, de la chevelure et du sang. Ainsi, il y aura toujours ce double mouvement du bas vers le haut dans une vision unifiée, verticale où les éléments perdront leur potentiel d'impureté au bénéfice d'une légèreté neuve :

Cet homme de la contradiction et du déchirement, ce lyrique inspiré par une dialectique, ce penseur de l'aliénation la pire, de la rédemption la plus structurée, son aimantation fondamentale le conduira vers une condensation en quoi viendront se résoudre enfin et s'apaiser les facteurs épars de son doute existentiel.   (p. 101³)

Sueur de sang étant le livre de l'énonciation des éléments dispersés, *Matière céleste* le livre de l'unification des éléments disparates.

Dans le troisième texte (pp. 12–21¹), Stétié insiste sur l'œuvre de Jouve comme champ de bataille où combattent la femme et Dieu, et où la substance noire du vécu se transforme en musique, matière céleste, balance juste entre la ténèbre ensanglantée et la limpidité matinale. Il avoue être troublé, lui le fils obligé des *Mille et une nuits,* par la sensualité des textes jouviens mais aussi par la lucidité qu'ils montrent face à la mort. Stétié termine par un portrait précis de l'homme : « [...] *de tout l'être jouvien se dégageait beaucoup de noblesse, derrière laquelle palpitait visiblement une blessure toujours à vif.* » (p. 16[1]).

Dans le premier entretien donné par Stétié pour la revue *Nu(e)* en 1996, il déclare qu'il a fait bien plus que « *rencontrer* » (p. 11[4]) Jouve, qu'il l'a accompagné de sa présence sur près de trente ans. C'est vers les années Cinquante qu'un ami poète, Yves de Bayser, l'a présenté à Jouve. Il connaissait déjà son œuvre grâce à un intercesseur : Gabriel Bounoure. Il évoque dans ce premier entretien un « *Jouve impressionnant d'acuité et de fermeté* », « *on sentait avec force son appartenance au monde spirituel, sa participation intérieure à tout ce qui donne à la parole son poids de vérité et aussi sa puissante fluidité lyrique* » (p. 11[4]). Il souligne ce qui fait pour lui la force de cette œuvre : « *J'aime par-dessus tout la densité physique et comme minérale de l'œuvre jouvien, ce tremblement des hauteurs qui allège l'ensemble et le tire à lui, cet ozone majeur comme le dit le poète, cette matière qui sait tourner au céleste.* » (p. 12[4]). Puis il en vient à son travail personnel comme lié à celui de Jouve : « *Pour en revenir à moi, la matière de mon poème pour devenir à son tour aérienne, azuréenne, doit subir une combustion, un passage par l'aridité qui me rapproche de la mystique soufie.* » (p. 12[4]).

Dans le dernier entretien de 2005, des nuances interviennent par rapport aux circonstances de la rencontre. Stétié date très exactement cette dernière de 1952. Il dit cette fois avoir été présenté par Bounoure lui-même. Il cite de nouveau Yves de Bayser :

Dans les années qui vont suivre, les Jouve m'accueilleront souvent chez eux, me témoigneront de l'attention et de l'amitié, me considéreront comme l'un des membres de leur famille invisible. J'allais souvent chez eux, le mercredi en soirée, avec un poète remarquable connu de quelques-uns seulement, mais poète d'envergure, aujourd'hui décédé, et qu'on reconnaîtra un jour à sa juste valeur : Yves de Bayser. Je suis allé aussi plusieurs fois chez eux avec un jeune poète qui venait de publier un recueil admirable et très vite accueilli avec enthousiasme par les lecteurs de l'époque : Yves Bonnefoy [...]. À Veyrier-du-Lac, près d'Annecy, dans cette demeure entourée d'un grand parc qui descendait jusqu'au lac, se retrouvaient durant l'été des écrivains de haute volée [...] et, parmi d'autres que je ne vais pas tous nommer, les Jouve. Il arrivait même que, les jours d'orage, Pierre Jean nous lût dans le salon que venaient visiter de magnifiques éclairs de chaleur des extraits de l'écrit en travail, tel ou tel fragment de sa traduction de Shakespeare ou de Hölderlin, ou bien, si la musique était sollicitée, se plût à commenter telle séquence du *Don Juan* de Mozart ou du *Wozzeck* d'Alban Berg. Magnifiques étaient les éclairs, magnifique la musique, magnifiques les propos échangés. Je garde de ces moments-là de ma vie une forme de bonheur ébloui dont je crois que l'idée de Paradis n'était pas absente.

(p. 20[5])

Stétié souligne encore l'importance de la faute dans l'œuvre, notion qui déclenche de nombreux échos dans sa propre poésie :

Donc c'est à l'expérience directe, et terrible, et douloureuse de la mort, telle qu'énoncée par l'auteur des *Fleurs du mal*, que Jouve va suspendre sa propre et douloureuse expérience, elle aussi traversée par la Faute qui n'est autre, assumée par le vécu de la personne, vécu nécessairement original, que le péché chrétien, dit « originel ». La Faute, c'est ce péché originel-là réfracté dans le miroir de la conscience personnelle selon ce que chacun des hommes et des femmes traverse dans le temps de son expérience différente et semblable : c'est le destin de chacun que la poésie de Baudelaire dit en notre nom à tous, que la poésie de Jouve dit en notre nom à tous. Et, puisque vous me demandez de parler de moi et de mon rapport à cette notion qui n'est pas une notion mais qui est, en effet, comme vous le dites, une *relation*, je vous dirai qu'en tant que musulman culturel, je ne crois pas à un péché originel, qui serait de nature ontologique définitive, mais que la notion de « faute » ne m'est pas étrangère, qu'elle m'est même profondément familière [...]. Le rapport d'Éros à Thanatos est, aux yeux de l'adolescent éclairé par une première approche spirituelle, de la nature d'une évidence absolue. C'est dans cet esprit que j'ai lu à quinze ans *Les Fleurs du mal*, les comprenant d'intuition. C'est aussi dans ce même esprit que je comprendrai plus tard Jouve, lors de mes premières lectures de celui-ci. De toute façon, j'ai eu très vite l'intuition de la mort comme d'un incontournable et d'un impensable, tous les deux cependant évidents. C'est cette intuition-là qui, hors de toute culture religieuse (musulman, j'ai fait mes études chez les Pères Jésuites de Beyrouth dans une ambiance on ne peut plus parfumée à l'encens du religieux, tout en étant tourmenté par la torsion du désir et du péché), c'est, dis-je, cette intuition-là qui est à l'origine de tous mes premiers écrits *Le Voyage d'Alep* et *La Mort abeille*. (p. 30[5])

Stétié évoque ensuite la conversion de 1924, conversion qui marque un tournant essentiel dans l'œuvre jouvienne :

C'est donc de sa rencontre avec celle qui deviendra sa seconde femme, Blanche Reverchon, disciple directe de Freud, psychanalyste des plus avisées (je dirai qu'elle en était même inquiétante à fréquenter) que Jouve datera sa seconde vie, sa nouvelle vie : *Vita Nuova.* Tout ce qu'il avait écrit avant sera renié, impitoyablement rejeté. À partir de Blanche, qui l'aidera beaucoup en lui interdisant notamment de se faire psychanalyser comme il en avait eu, semble-t-il, la tentation, le poète cherchera, à travers tous les accidents et toutes les dérivations de son existence, le point d'unité de son destin et le sens de sa présence au monde. Cette quête, il la poursuivra comme il pourra : d'une manière tout à la fois ouverte et organisée, selon les divers modes d'expression qu'il avait à sa disposition. Tour à tour, le poème, le roman, l'essai, le souvenir (*En Miroir,* par exemple) apporteront, d'une manière jamais systématique, leur contribution à cette construction mentale et spirituelle que fut sa vie [...].
(pp. 20-1[5])

Stétié insiste sur le rôle déterminant de Blanche :

[Elle] semble avoir décidé de, comment dire ? réenfanter Jouve, le recréer sur de nouvelles bases, l'amener à un nouveau langage, à un nouveau poème, où se trouverait intégré au lyrisme du monde le trouble profond suscité par l'univers intérieur et par ce nouveau continent de forces psychologiques jusqu'alors non identifiées, et sans cesse en conflit, sur le sol tremblant duquel Freud, le premier, a pris pied. Blanche aura ainsi joué dans la création poétique jouvienne le rôle étrange d'une Béatrice qui guide le poète non vers les hauteurs de l'être mais vers ses hideurs, vers l'abîme, la chute étant la condition même de la remontée, du surhaussement, de l'accomplissement spirituel par la beauté, — une beauté qui doit tout à son enracinement dans la vérité vraie, celle qui est malheur, qui est douleur. L'être, qui est « beau » dit Jouve, ne peut être atteint que par ces pénibles et périlleux détours. Et tout compte fait, c'est bien là l'itinéraire suivi par Dante dans *La Divine comédie* où le passage par l'Enfer est seul à pouvoir garantir la splendeur à venir du Paradis. En cela Jouve est un voisin des mystiques, lesquels, d'ailleurs, l'ont toujours fasciné, d'Angèle de Foligno à Thérèse d'Avila, de Ruysbroek l'Admirable à Jean de la Croix et à d'autres [...]. Oui, je crois que son influence et même son rayonnement muet ont été déterminants sur Jouve : c'est elle qui a éclairé le chemin du poète, et c'est elle qui l'a souvent tenu à bout de bras car Jouve était un grand dépressif [...].   (p. 24[5])

Résumons-nous : oui, la psychanalyse — la « psychologie des profondeurs » — a joué un rôle décisif dans la poésie jouvienne qu'elle est parvenue à renouveler sans que le poète cédât pour autant ni aux facilités de l'écriture automatique ni à la gratuité de l'image comme cela s'est produit pour le surréalisme ; oui, la poésie jouvienne s'est imprégnée profondément, sous l'influence de Blanche, d'une certaine forme de freudisme sans pour autant se priver d'autres moyens d'investigation psychologique ou poétique ni surtout faire de ces moyens une fin en soi, même dans un récit aussi directement lié au matériau psychanalytique que l'est *Aventure de Catherine Crachat*, bâti, comme on sait, sur des documents médicaux authentiques dont Jouve a eu la libre disposition : la création poétique jouvienne a toujours su éviter le piège de quelque didactisme que ce soit, et jamais — c'est ce qui fait sa force et son rayonnement — elle n'aura été l'illustration d'une théorie. On imagine mal toute cette évolution de l'une des œuvres majeures de la poésie française et même de la poésie universelle du XXe siècle sans l'inflexion qu'une personnalité comme celle de Blanche, à la fois éminemment renseignée et très forte, discrète cependant, aura imprimée à cette œuvre [...].   (p. 25[5])

Stétié souligne ensuite l'acte matériel de l'écriture, puis apporte un témoignage vivant sur la façon de lire du poète :

Écriture féminine que la sienne, régulière, inscrite comme les notes d'un étrange solfège, précise et déchiffrable dans l'acuité resserrée de ses lettres, sur des feuilles de beau papier méticuleusement choisi par l'extrême esthète qu'il était. Écrire, pour lui, je parle de l'acte matériel d'écrire, était un rite lié sans doute à la nature même de son inspiration poétique, laquelle est d'essence musicale. Les manuscrits de Jouve (j'en possède quelques-uns : encre bleu nuit pour le texte, rouge sombre pour le titre) sont parmi les plus beaux qui soient. Il lui arrivait même de « préparer » la page à calligraphier en régularisant les lignes qui allaient s'inscrire sur la feuille au moyen d'une règle d'écolier. Un perfectionniste et, je le répète, un musicien, un très subtil musicien de l'écriture au sens physique du terme. Peut-être, derrière cet excès de précautions, y avait-il un tremblement, non pas une indécision, mais une vague crainte de s'égarer du côté où il ne voulait pas aller, tant était enracinée en lui la proximité de la menace qui pèse sur l'homme. Dans ce cas précis également se vérifie chez ce poète un mode obscur et profond de cohérence. [...] Il lisait en articulant bien chaque syllabe, d'une voix distincte, donc, avec une sonorité d'arrière-fond un peu sourde et, pourtant, si je me souviens bien, c'était comme si le nez prenait part lui aussi un peu à la lecture. Cela donnait à sa diction, dans sa précision même, un voile impalpable de brume, une aura, une aurore et c'était parole du premier jour. Il introduisait, sans insister, des respirations dans sa lecture. Bref, il lisait bien et le texte qu'il lisait prenait, en se façonnant hors de lui, une dimension encore plus intérieure, ce qui ne va pas sans paradoxe.   (pp. 22-3[5])

Stétié précise alors la forte prégnance de l'œuvre jouvienne sur la formation de son écriture personnelle :

Jouve me parlait directement : par la beauté de sa langue, par la profondeur de son inspiration mise au jour grâce à la médiation d'images fortes et fortement chargées de sensualité, par le sens du mystère de l'homme et cette lumière que sa poésie tentait de jeter sur ce mystère. Ma rencontre personnelle avec Jouve ne devait, par la suite, que renforcer en moi cette relation d'intimité, ou même de complicité, que j'entretenais avec son poème [...]. Tout cela, ce climat général de l'œuvre, hauteur de la voix, altitude, inspiration et aussi torture liée à l'écriture — « les terreurs de l'écriture sont infinies », écrit, au Xe, le mystique soufi Niffari, formule que Jouve aurait pu contresigner —, tout cela m'a profondément impressionné à vingt ans, âge où le jeune écrivain est formé d'une cire impressionnable.
                                    (p. 27[5])

Enfin Stétié conclut sur la présence de Jouve et son influence sur la poésie contemporaine :

Cette œuvre a-t-elle une influence sur la poésie contemporaine ? Elle en a eu indubitablement sur Yves Bonnefoy et sur moi-même, ou plutôt sur une des composantes de mon œuvre. Je crois savoir, dans cette époque de basses eaux pour la poésie qu'est la nôtre, que l'écriture jouvienne continue d'influencer certains des jeunes poètes français d'aujourd'hui, parmi les meilleurs. Ma conviction est que Jouve reviendra avec force dans les années qui viennent où il nous faudra de plus en plus, face à la montée de la civilisation technique et technologique, donner des justifications à notre être, des preuves de la présence et de l'illumination de notre âme.   (p. 28[5])

Stétié avoue donc explicitement un lien avec Jouve, lien qui passe par Baudelaire ou Mallarmé :

116

J'ai aimé, j'aime Jouve, et, je le répète, je le considère comme l'un des plus grands poètes de la langue : je l'habite quelquefois, je le quitte, je reviens vers lui [...]. (p. 33[5])

[...] j'admets, car cela est aussi important, que les influences qui se sont exercées sur moi — celle de Baudelaire et Mallarmé notamment — se sont également exercées sur lui [...]. (p. 38[5])

Je l'aurai côtoyé si longtemps, pendant ses années décisives où l'œuvre était en train de s'installer dans sa plénitude [...]. Pour beaucoup d'entre nous, cette œuvre est définitivement entrée dans un lieu de mémoire qu'elle ne quittera jamais plus. (p. 40[5])

Dans *Europe* il explique que Jouve a été pour lui un « *inspirateur* » (p. 20[1]), dans l'acceptation de sa propre sensualité. Il dit avoir toujours lu Jouve « *en miroir* », mais le miroir tendu par Stétié était ébloui d'un soleil d'Orient où ne pesait pas l'ombre de la croix, même si la culpabilité habitait tout désir et que la douleur du désir se reconnaissait aussi dans son poème. Stétié donne pour preuve de cet accord de sensibilités, de cette complicité de résonances entre Jouve et lui, le prénom d'Héléna choisi par lui pour le personnage de *Lecture d'une femme*[6] : « *L'attribution qui fut inconsciente à l'origine du prénom d'Héléna à l'héroïne, prénom théologique et byzantin à mes yeux, alors que c'est l'Hélène jouvienne de* Matière *céleste qui venait à ma rencontre, ainsi que je l'ai compris par la suite* » (p. 21[1]), et c'est surtout dans ce texte de jeunesse *Lecture d'une femme*, et très précisément sur l'image de la femme, que l'empreinte jouvienne semble forte, empreinte sur laquelle Stétié s'explique très clairement lui-même :

Héléna est sans doute une héritière de l'Hélène jouvienne [...]. Mon Hélène est comme l'Hélène de Jouve une femme de beauté et d'inquiétude, une femme de ferveur et de poésie, une femme vulnérable et tentée par la mort [...] ce jeu de la dualité, de la dialectique profonde, qui est présent dans ma poésie, il n'est pas impossible que je le doive partiellement à la lecture de Jouve. (p. 33[5])

Ce nom Héléna évoque-t-il la beauté un peu tragique de l'Hélène antique comme l'Hélène de *Dans les années profondes* de Jouve ? « *Il est possible que soit présent comme un symbole le nom de la femme belle entre toutes dans l'antiquité* » (II, 1096). Notons que dans *Lecture d'une femme* l'atmosphère de la mythologie grecque est créée par la présence de « *Zeus* » évoqué dans l'azur du jour (p. 247).

Le prénom Hélène connote donc la passion antique et, repris à travers le temps par de nombreux poètes, il acquiert une dimension mythique pour s'inscrire dans la tradition de l'érotique occidentale. Le nom Hélène comporte, en particulier chez Jouve, une conception de l'amour absolu qui le rattache au mythe de la femme éternelle avec son cortège d'amour et de mort. Il inspire à ce poète un grand nombre de jeux que nous trouvons plus particulièrement dans *Matière céleste* : *aile, haleine, elle aime, elle, belle*. Relisons « *Vie de la tombe d'Hélène* » :

Des glaïeuls (sur elle la plus belle) se balancent
Il fait beau sur sa pierre à mourir de ciel bleu
C'est le resplendissant automne sans alarme
Le cri du marbre veiné
Où elle noire est robuste enterrée
Ensevelie nue sous le poids de mes songes   (I, 292)

Ce nom Hélène évoque donc chez Jouve la vie d'une tombe où est enterrée la femme aimée, et sur laquelle s'érigera l'écriture de la poésie, tandis que dans le texte de Stétié, c'est sur la tombe d'un homme que s'érige la lecture d'une femme. Toutefois, dans *La Dernière maison du souffle* de Stétié nous pouvons lire certains vers comme un écho, un clin d'œil à *Matière céleste*, en particulier en ce qui concerne cette évocation de « *la plus belle* » : « *Tous les tissus repris à la plus belle / Et la plus belle — et pourquoi la plus belle ?* »[8]

Peut-on lire dans cette Héléna-Hécate un écho de Jouve, tout comme Héléna fait assonance par sa finale avec Paulina ?

Le plus intéressant réside sans doute dans ce double nom du personnage car Héléna est le nom d'après la rencontre avec l'homme, c'est-à-dire avec le péché de chair. Héléna est le nom de la femme qui a accompli l'œuvre de chair contre Dieu, c'est-à-dire avec le diable. Avant cet accomplissement du péché, Héléna en religieuse s'appelle Madeleine-Musique. Or Madeleine ou encore Marie de Magdala ou Marie-Madeleine, dont on a fait Madeleine, fut guérie par Jésus, qui chassa d'elle « sept démons ». Elle appartint au groupe des femmes qui suivaient Jésus et l'aidaient de leurs biens. Elle assista à la Passion, elle était présente lors de la mise au tombeau, et, au matin de Pâques, elle fut la première à trouver le tombeau vide. Elle courut prévenir, comme par hasard, Pierre et Jean (toujours eux), puis revint et fut favorisée de la première apparition du Christ ressuscité. Ce qui est très curieux, c'est que Madeleine est déjà un double prénom puisque c'est en fait Marie-Madeleine. L'évangéliste Luc raconte comment une pécheresse Madeleine oignit de parfum les pieds de Jésus et les essuya avec ses cheveux. Les trois autres évangélistes connaissent une autre onction, faite à Béthanie, par Marie, la sœur de Marthe et de Lazare. Marie-Madeleine qu'on a cru longtemps une seule personne serait donc, en fait, constituée par deux femmes différentes réunies dans le même double prénom. En tout cas, Madeleine représente bien la femme pécheresse mais celle qui fut convertie et purifiée par Jésus-Christ et Stétié déclare dans notre entretien : « *Avec moi, il faut toujours en revenir à quelque sacré : j'aime bien moins que le Christ soit, selon ce qui en a été dit, le Fils de l'Homme qu'il ne soit celui que Madeleine aima et qu'elle voulut toucher dans un jardin.* » (p. 13[4]).

Et pourquoi Madeleine-Musique ? Peut-être parce que la musique, art des muses, est considérée comme l'art émotionnel et sensible par excellence. La musique est également l'ancien nom que portait l'Alchimie. Chez Jouve, la musique le plus féminin de tous les arts, accompagne l'image de la femme. Ainsi, dans *La Victime*, Dorothée, après sa rencontre avec la sexualité, perdra la musique. Il y aura dès lors une cassure diabolique dans l'ordre du monde et la musique sera remplacée par un mécanisme satanique, « *une présence profondément anormale, extérieure à la musique, consternante* » (II, 939). Le dérèglement de la musique correspond ici à une cassure vitale de la femme qui lui est liée. De même chez Stétié, Madeleine-Musique, après sa rencontre avec l'homme, perdra son nom initial et prendra celui d'Héléna, c'est-à-dire celui de la femme érotique par excellence. Face à face désormais, en miroir, Madeleine la secrète, la retirée et Héléna femme de théâtre, femme d'écriture et non plus de musique, Héléna la provocante. Celle pour qui les signes d'écriture ou de calligraphie « *triangles, losanges, rectangles,* [...] *cercles* » (p. 66[7]) deviennent signalisation sexuelle, érotisme : « *Il faut* [...] *que toi et moi nous mélangions nos angles à les confondre* » (p. 29[7]). Mais qu'elle soit Madeleine-Musique ou Héléna, la femme dépend du bon-vouloir d'un créateur qui est celui qui lui assigne ses noms : « *Ah ! me rappeler, me répéter le premier nom d'Héléna, son nom d'avant la rencontre avec le Diable... Madeleine-Musique.* » (p. 29[7]).

Lecture d'une femme ne constitue pas seulement la lecture d'Héléna, mais, à travers elle, c'est un véritable parcours mythique et « destinal » sur l'amour et la mort qui nous est proposé. Je dis « proposé » car *Lecture d'une femme* n'est pas un texte évident et rectiligne. Il fascine au contraire par son aspect énigmatique. Stétié avoue d'ailleurs à son propos : « *Énigmatique, oui, et qui m'est venu, fragment par fragment comme on se débarrasse d'un secret trop lourd en le confessant.* » (p. 12[4]). Est-ce un hasard si ce texte constitue la seule prose poétique de l'œuvre ? *Lecture d'une femme* apparaît comme un texte bouleversant par cet état de secret qui le traverse, secret qui semble avoir pour l'auteur une pesanteur de faute à confesser, un peu comme la dernière œuvre romanesque de Jouve, *Dans les années profondes* ramenait à une culpabilité primordiale et pourtant dépassée : « [...] *la culpabilité qui l'avait engendrée, dont elle s'est nourrie, et qu'elle a laissée derrière elle* [...]. » (II, 1102-3). On écrit, dit Stétié, pour essayer de cacher quelque chose qu'on veut révéler en même temps. Dans *Rimbaud, le huitième dormant,* est ainsi souligné « *le ferment spirituel du Secret* »[9].

Cette notion de secret est ici essentielle, qui évoque encore une fois Jouve :

En ce sens le secret est intime à l'œuvre, car il n'y a pas une œuvre de quelque importance qui veuille vraiment livrer son fond, et expliquer son but avec son origine. [...] J'avoue un état de secret. Il faut entendre par là que je reconnais le lieu profond de l'œuvre faite, l'endroit où elle s'alimente et vit, qui n'est à aucun degré un « lieu commun ».   (II, 1057)

Pour Stétié, la seule coïncidence possible entre les tensions du rêve et du réel qui nous divisent, reste la poésie. C'est le langage de poésie qui devient « *le seul réceptacle* [...] *de cet exigeant désir d'une totalité fût-elle fantasmatique* » (p. 93[7]). La poésie constitue la charnière entre deux mondes. C'est pourquoi *Lecture d'une femme*, récit, fragment fantastique, est aussi un roman poétique, dans le sens où Pierre Jean Jouve le voulait. *Lecture d'une femme* est un texte fantastique dans la mesure où rien n'y est sûr, seuls demeurent la difficulté d'être, la question, le questionnement. Cette œuvre est marquée par l'ellipse et le suspend du sens. Ce qui n'est ni vrai, ni faux, ce qui n'est pas encore sûr, ce qui ne le sera jamais. Produit de l'incertitude et de l'angoisse, produit du désir de fusion avec l'esprit de mystère. Le fantastique serait ici une certaine porosité entre le réel et l'imaginaire, cet état de poésie où tous les éléments physiques et métaphysiques se concertent pour déconcerter : « *moi, parti et resté* » (p. 14[7]), dit ainsi le mort dans une totale ambiguïté. Double nom des personnages comme le mystérieux nom de Pierre Jean (Jouve) lui-même, nom d'un poète aimé mais aussi nom double, nom que, coïncidence très curieuse, Héléna refusera à Basile/Marc-Aurèle : « *Il me répugnait violemment que vous fussiez Jean-Paul ou Pierre-Jean.* » (p. 29[7]).

Héléna/Madeleine-Musique : « *Elle fut donc Madeleine-Musique — elle fut Héléna* » (p. 47[7]), Marc-Aurèle, « *l'homme aux deux prénoms est* [...] *symbolique de l'interchangeabilité de chacun et de tous* » (p. 29[7]), personnages entre chien et loup. Ces doubles noms de personnages nous font pénétrer dans l'univers du double qui est un des thèmes privilégiés du fantastique puisque l'artiste y joue délibérément double-jeu et lance le lecteur dans un texte miné de pièges où plusieurs niveaux de lecture se mêlent et où l'on a l'impression curieuse de perdre pied, le double permettant une dimension ambiguë. Dans *La Victime* de Jouve comme dans *Lecture d'une femme*, cette présence de la mort, du mort-vivant — mort en vie, vie en mort — crée l'angoisse jusqu'au vertige de la raison. La vitesse du tourbillon augmente jusqu'au centre de la spirale et permet le passage du temps à un autre temps, le tourbillon métaphysique ouvrant vers un autre espace. Le plus atroce est certainement cette ambiguïté de la mort, cette présence-absence qui fait du mort un mort-vivant, un être double. La mort est un ailleurs tout en restant un ici, il y a dans *La Victime* comme dans *Lecture d'une femme* deux mondes en interaction permanente, presque en osmose, la vie et la mort. Héléna-Hécate est femme fantastique comme l'Hélène ou la Dorothée jouvienne. Elle possède les principaux caractères du sacré, elle incarne le *tremendum* et le *fascinans*, et suscite, pour cette raison, des sentiments d'angoisse, de crainte, de malaise et d'effroi. Femme-énigme, femme ambiguë, femme présente-absente, femme porteuse d'amour et de mort divine, femme double, telle la Joconde, femme-tableau, femme-icône qui ne peut être possédée même déshabillée, même écrite ou peinte car alors « *elle cesse de s'appartenir ; elle cesse de m'appartenir. Elle est ce sourire divinement diabolique et ces yeux finement bridés d'infinie étrangère* » (p. 41[7]). Femme fantastique dans la mesure où, en sa présence, se produisent certains événements qui ne peuvent s'expliquer par les lois du monde familier, le fantastique occupant précisément le temps de cette incertitude. En effet, devant ce personnage féminin, la raison vacille, prise de vertige et l'angoisse est à son comble. Il y a émergence d'un trouble métaphysique, d'une imagination de la chute verticale avec perte des repères, tourbillon intérieur vécu par-delà la mort comme un véritable abîme, comme un élargissement fantastique et mystique.

La description d'Héléna est d'ailleurs complexe. L'Héléna de Stétié s'insère dans l'univers cosmique comme la femme-paysage jouvienne : « *Elle imagina furtivement* [...] *l'énorme chose bougeante : l'univers. Elle était happée, et ses cheveux eux-*

mêmes dans ce vent. Elle-même — ce vent ? » (p. 11⁷). Ce portrait nous évoque la Dorothée de Jouve : « *Ô la Noble plante de femme ! Dorothée était nue comme la main.* [§] *À droite et à gauche de Dorothée se trouvaient les collines de l'Hébron* » (II, 904) ou encore Paulina contemplant ses seins dans le miroir : « *Ils sont deux. Les biches* [...]. *Mes petits seins vous êtes des biches.* » (31).

Héléna est, elle aussi, dans sa beauté d'Héléna belle, partie intégrante de l'univers, belle plante, belle fleur, fleur-bête : « *Bête* [ajoute Salah Stétié], *pour bien montrer derrière la poupée, le fauve* » (p. 14⁴). Mais la femme est double, ambiguë, fleur et fauve tout à la fois. Héléna double s'intègre dans les règnes de la nature et dans leur dimension cosmique. Avec l'évocation des biches nous trouvions déjà chez Pierre Jean Jouve ce langage de la chasse et la femme était décrite comme une proie érotique. L'Héléna de Stétié est également un beau piège et un beau gibier, et les hommes devant sa beauté sont tels une meute de loups : « *La foule des hommes qui monte vers la fille naissante* [...]. *Leur meute, ma biche. Leurs crocs doux et forts, leur haleine — et tout leur sang brûlé de tabac* [...]. *Leur meute, ma biche.* » (p. 53⁷). Intervient, outre ce premier portrait d'Héléna en femme cosmique, en fleur ou biche pantelante, la photographie d'Héléna adolescente qui peut être encore une salutation à Jouve, réminiscence de la photographie de Paulina enfant ou encore de la photographie de la Petite dans la Boîte aux lettres de Catherine dans *Vagadu*.

Le jardin d'enfance d'Héléna a été celui d'une très jeune nuit, d'une pureté originelle, jardin d'arc-en-ciel et de neiges. Elle-même a été une enfant de cristal, cristalline, visitée de lampes et d'anges incassables dans une haute-cour, roche pure endormie dans ses myriades de cristaux fins. Mais le sexe noir de l'homme l'a éveillée, faisant voler en éclats les lampes et les anges de toute enfance. Héléna est devenue une ombre et son cœur s'est couvert de poussière. Ce qui fait la dureté de son destin, c'est justement qu'elle n'ait pu avoir d'enfant, cet enfant dû, cet enfant désiré de toutes ses forces, cet enfant qui aurait prolongé sa propre enfance et lui aurait permis de vivre à travers l'enfance de son propre enfant. Héléna stérile a un ventre sec, elle est la femme qui ne fut jamais enceinte de personne, femme fleur mais sans fruit, elle ne porte plus en elle, comme un centre de douleur, que cet enfant non-né si présent-absent dans toute l'œuvre de Stétié et qui, dans cette femme d'écriture, se transforme en enfant d'écriture :

Enfance, ai-je dit. Nos mots sont nos enfants et nous sommes les enfants de nos mots : c'est là sans doute l'équation secrète du poème qui n'est, dans les difficultés, les interrogations et les épines de toutes sortes, qu'une remontée d'enfance, une main tendue dans la grande distance et qui, là-bas, rencontre la petite main d'un enfant qui s'en saisit.   (p. 14[4])

Héléna en icône est ainsi la muse inspiratrice, celle dont il est besoin pour écrire l'œuvre, celle qui ouvre la porte de l'idée : « *Celle-ci dont il croyait avoir besoin pour écrire quelque livre.* » (p. 27[7]).

Au centre de l'écriture, Héléna est ainsi « *prise au piège des mots* » (p. 58[7]). Elle est femme inscrite sur le tableau noir « *pour que mieux soient perçus les signes — l'écriture et la craie* » (p. 65[7]). Elle n'est qu'une femme d'écriture, une femme pâle, une femme page, une femme qui n'a d'existence que mythique et qui dépend du bon vouloir de celui qui « *écrira un jour [son] histoire* » (p. 68[7]). Ainsi le personnage d'Héléna déclare-t-il : « *Je ne suis, fil repris par l'encrier [...] qu'une femme folle et trem-blée, d'écriture.* » (p. 70[7]).

Et chez Jouve, Hélène femme stérile, elle aussi, aura pour enfant un enfant spirituel, Léonide qui portera l'œuvre poétique, de même que Paulina qui ne peut avoir d'enfant, enfante l'œuvre de Michele.

Stétié donne enfin comme thème majeur de l'œuvre de Jouve, « *cette sorte de transvasement incessant chez lui du désir et de la faute* » (p. 12[4]). Or le désir paraît précisément au centre de *Lecture d'une femme*. Deux illustrations du graveur Georges Bru sont éloquentes quant au rapport femme-désir car elles représen-tent des femmes nues et sans tête dont la seconde est à cheval sur un énorme phallus. On pense encore à *La Victime* de Pierre Jean Jouve et à l'apparition fantastique du monstre, « *un géant* [...] *qui regarde, avec un œil unique et semblable au gland enflammé du membre de l'homme* » (II, 946). Ainsi la femme semble en être réduite à son sexe. Il est vrai d'autre part que le désir physique est obsessionnel dans le texte. La femme représente cela-du-désir, cela-désir, « *cela-désir-de-l'œil* » (p. 55[7]). Elle est une séductrice aux jambes chaudes qui brûle de sa fleur sexuelle, exhibant ses seins et la pleine nudité de ses cuisses secrètes et dépouillées, exaltant le soleil de son ventre et sa blessure crépusculaire, son autre chair : « [...] *le pénis recherche deux fentes poilues donc fente je suis* » (p. 69[7]). Mais le désir dépasse l'ordre physique pour atteindre à une dimension spirituelle et métaphysique :

Le désir est sans doute cette force qui mène chacun à la destruction mais, pour qu'il y ait destruction, il importe qu'il y ait eu élaboration d'abord et c'est le désir, et lui seul, qui élabore, qui construit, et qui illumine les objets vains de sa quête [...]. Le désir est le poème réalisé de l'irréalité désirante [...] le désir met en jeu, et en lumière, me semble t-il, la dialectique fondamentale de l'Être et du Néant, de l'Être par et contre le Néant. (p. 13[4])

L'acte sexuel est une prière qui renvoie à l'ailleurs. Héléna prise entre excès de jouissance et frigidité est, de toutes façons, ailleurs :

Fraîcheur d'Héléna au centre, oublieux diamant froid [...]. Car, pendant qu'on la prenait, pendant que vitupérait l'incendie en cette excessive colère du sang, elle n'était plus là ; elle n'y était pas, l'endormie-en-ses cheveux. Ma délicate, pensa-t-il, où vous consolez-vous, sans moi l'on dirait, quand sous moi vous courez le risque de mourir par l'épée, qui vous scinde, de ce très cruel songe ? [...] Cet élément complémentaire n'était pas l'amour, mais bien plutôt le mystérieux consentement d'Héléna au silence, sa coïncidence avec l'absolu de vivre, qui ne se dit pas en mots. Héléna absente aimait ; elle était, comme ancienne religieuse sous sa cornette, coiffée d'un oiseau invisible ou blanc d'ailes-de-silence ; elle : fermant les yeux et souriant sous l'effet de plusieurs sourires annulés en un long unique silence, origine retrouvée. La voici, donc Héléna l'originelle. (p. 76[7])

L'Héléna originelle est donc l'Héléna absente à l'homme, absente à l'autre et tendue, dans sa cornette de nonne, vers l'ailleurs. Héléna évoque l'absence sacrée de Paulina qui « *inanimée flottait comme Ophélie dans des eaux lointaines* » (II, 61) ou d'Hélène en aube « *robe de soie à manches de couleur claire* » (1039). Il est significatif que Stétié ait corrigé le manuscrit et qu'il ait remplacé les termes « *ancienne dame de songe* » par « *ancienne religieuse* »[10]. L'acte sexuel est quête sacrée parce qu'il ne permet pas la possession de l'autre, il est donc insatisfaction permanente toujours renouvelée, séparation fatale qui laisse encore plus solitaire, la possession de la femme reste dépossession : « *Nos deux corps rendus à leur double parallèle, le tendre ennui de n'avoir pas réussi, cette fois non plus, la main-mise sur cela de toi qui me privilégie et me fait vivre.* » (p. 56[7]). L'érotisme ne peut être, dès lors, considéré que comme un passage, qui relance l'homme vers autre chose, vers une autre recherche. Et c'est surtout par sa blessure saignante, par sa mort, par son absence même, que la femme pourra guider l'homme vers une transcendance, ainsi de l'Hélène de Jouve qui ne peut pas être plus absente ni plus efficace qu'étant morte dans l'acte d'amour : « [...] *ses yeux sous la Chevelure défaite s'atténuèrent d'abord, on eût dit qu'un voile les couvrait. [...] elle fut d'une extrême pâleur. [...]. Hélène pâlissait. Je vis que ses mains et ses pieds étaient froids. [...] Elle devint complètement blanche. Le souffle sortit.* » (II, 1040-1). La femme est bientôt l'absence, « *jolie reine de la mort* » (*Ode*; I, 804), et il fallait bien qu'Hélène meure pour que Léonide devienne Orphée, de même que le poète a besoin de la mort d'Hélène-Lisbé pour créer *Matière céleste*, ou de la perte de Yanick pour écrire *Ode*.

Par cette mort, en effet, Hélène devient l'adorée qui mène vers l'ailleurs, c'est-à-dire vers l'espace imaginaire de l'écriture et de la poésie : « *Dans toutes les périodes du travail jusqu'à ce jour, il y a le passage de la Morte [...].* » (II, 1102). En terminologie stétienne, nous dirons que le désir mène à l'Être par et grâce à la destruction de la poupée. C'est ainsi l'Hélène absente de Jouve dont Stétié se souvient dans ce texte fondateur de sa poésie qu'est *Lecture d'une femme*. Héléna est la femme en sang, la femme blessée, la femme rouge : « *En signe de deuil, elle a choisi d'être rouge — et quel deuil plus visible ?* » (p. 24⁷). La « *survenante rouge* » (p. 27⁷) s'avance, telle la Dorothée de Jouve, dans la clairière, relevant, en marchant, sa belle robe rouge précieuse, et allant à la rencontre de l'homme, de la sexualité et du Diable. Le rouge de la femme, c'est d'abord son sexe :

> Elle a entre les jambes un haillon rouge
> Un baiser rouge et rouge   (p. 39⁷)

Le rouge est la blessure sexuelle de la femme : « *Je suis rouge — de ma bouche à ma coupure* », blessure saignante, saignement sexuel « *ma rose et le réseau très fin de tout mon sang* » (p. 67⁷), mais aussi saignement du suicide d'Héléna qui clôt le livre et qui prend des allures d'avortement de cet enfant tant désiré, saignement d'une « *videuse d'anges* » (p. 50⁷) ou d'une faiseuse d'anges, saignement de violence et de fleur, saignement entre les jambes comme une fleur qui s'élargit, un géranium rouge, une écharpe rouge entortillée : « *mon rouge, mon enfant* » (p. 67⁷).

Le rouge, c'est donc également le rouge du sang, la femme est rouge car l'homme l'a mise en sang (p. 62⁷) par la violence de son amour. Le sexe est la première blessure sanglante de la femme. Ne peut-on dès lors lire quelque sadisme et une forme de viol dans l'acharnement de l'homme chasseur et guerrier dont la denture s'imprime profondément dans la chair pantelante de la femme ? Il s'élève dans l'œuvre de Stétié, comme dans celle de Jouve, une longue plainte de colombe sacrifiée :

Aux vers jouviens :

> Et l'agneau promis à la mort et souriant
> [...]
> La colombe trop chaude était déjà passée.   (I, 564)

répondent les vers de Stétié :

> Il y a cette colombe fille
> [...]
> Avec le sang de sa gorge qui tombe.[11]

127

Cette volonté de possession dans le texte stétien semble pourtant, comme dans le texte jouvien, relever davantage d'une recherche de la transcendance ou d'un art poétique que d'un sadisme gratuit, la femme n'est mise en sang que pour mieux guider l'homme vers une transcendance et l'art s'édifie sur ce meurtre, qui fait de la femme l'absolu d'une présence-absence. La femme est l'adorée qu'il faut toujours briser dans un fracas exterminateur, toute adoration conduisant au meurtre. L'histoire des idoles ne va jamais sans meurtre et la définition de l'idole n'est autre que celle d'une image qu'il faut tuer, qu'il faut briser : « *On ne fait pas de métaphysique, sans la poupée et toute femme est la poupée, c'est-à-dire sur un mode pudique, voilé d'enfance — l'idole [...] et la déesse. Aimer, ai-je dit, c'est désirer et désirer détruire ; mais c'est détruire la poupée pour frayer le chemin à la déesse.* » (p. 14[4]). L'écriture est une opération sacrée qui transforme la matière, et la vivifie jusqu'au regard rédempteur : « *Pour moi hors de la femme point de poésie et hors de la poésie point de salut [...] j'écris pour le salut.* » (p. 14[4]).

Héléna au sexe noir touche aux forces obscures de l'inconscient et elle représente également la Femme Alchimique et plus particulièrement la Femme Noire, l'Héléna souterraine. Il faut ici rappeler le texte de Baudelaire dans les *Petits poèmes en prose*, intitulé « Le Désir de peindre » :

Elle est belle, et plus que belle, elle est surprenante. En elle le noir abonde ; [...] je la comparerais à un soleil noir si l'on pouvait concevoir un astre noir versant la lumière et le bonheur. Mais elle fait plus volontiers penser à la lune, qui sans doute l'a marquée de sa redoutable influence [...].[12]

Chez Jouve, c'est le curieux rêve d'Hélène en mariée noire qui constitue le centre des *Années profondes* : « *Hélène avait toujours été identique à la Femme Noire [...].* » (II, 1048).

Dès l'abord, nous l'avons vu, Héléna apparaît comme une femme rouge, femme en sang qui incarne « l'Œuvre au rouge » alchimique mais elle est aussi la femme noire, image de « l'Œuvre au noir » qu'« *il faut laver pour la débarrasser un peu de ces myriades d'imperfections dont une femme garde en elle, si épanouie soit-elle et si d'ordinaire rieuse, le noir secret*» (p. 12[7]). Le décor qui entoure Héléna est également liquide et noir constitué d'eau *verte et grave* (p. 24[7]). Des «*poignées de mouches*», au travers desquelles l'ombre des feuilles se joue, forment comme un halo tandis qu'Héléna est envahie d'ombres rayonnantes (p. 25[7]). Elle est devenue, après une enfance lumineuse et pure, une bergère poussiéreuse «*nocturne, nourricière de vieux agneaux assassins*» (p. 26[7]), dont le petit destin est celui d'une ombre (p. 49[7]). L'âge adulte a créé l'opacité d'un destin de mélancolie, d'aube marine et de crépuscule. Cette menace insistante et nocturne a envahi la vie d'Héléna en même temps que la sexualité prenait sa place car au «*sexe noir de l'homme*» (p. 39[7]) répond désormais le «*noir paru entre l'éclat des cuisses* [d'Héléna]*, encre renversée*» (p. 70[7]). Après les envols enfantins et candides vers plus d'élévation, après les hautes-cours de l'enfance, le destin de la femme sexuée risque de s'en tenir à celui d'une videuse d'anges dans des basses-cours sans gloire (p. 50[7]). Dès lors *Lecture d'une femme*, cette lecture, cette écriture d'une femme tracée dans les ombres obscures d'un *tableau noir*, apparaît comme un conte d'amour et de mort, un conte qui allie le sexe aux forces noires de l'humain, dans le souterrain labyrinthe des organes sexuels. Notons que la seule musique évoquée dans le livre de cette Madeleine-Musique devenue noire est précisément la musique de Mozart, musique aimée passionnément de Jouve et en laquelle se retrouve le signe de l'érotisme et de la mort. Ce noir, c'est aussi donc celui des signes de l'art, art qui porte, tout en les sublimant, les forces érotiques, écriture des signes noirs ou musique d'un «*Mozart ce désordonné, noir*» (p. 69[7]).

1. Salah STÉTIÉ, «La Lettre P», *Europe*, nos 907-908, nov.-déc. 2004, pp. 12–21.
2. Salah STÉTIÉ, «Qui fut cet homme ?» (1972), pp. 49–79 in Paule PLOUVIER *et* Renée VENTRESQUE, *Itinéraires de Salah Stétié* (Paris, L'Harmattan, 1996).
3. Salah STÉTIÉ, «*Sueur de sang*, entre le cri et le Christ», pp. 91–103 in

Actes du colloque *"Lignes de vie"* autour de l'œuvre poétique de Heather Dohollau (qui a eu lieu à Saint-Brieuc, les 16-17 novembre 1996), Ronald KLAPKA *ed.* (Bédée, Édtions Folle Avoine, Yves Prié, 1998).

4. Salah STÉTIÉ / Béatrice BONHOMME, « L'Entretien avec Béatrice », revue *Nu(e)*, n° 3, Béatrice BONHOMME *et* Hervé BOSIO *eds*, avril 1996, pp. 11–9.

5. Salah STÉTIÉ / Béatrice BONHOMME, « Traversant avec Pierre Jean Jouve », revue *Nu(e)*, n° 30 : *"Relectures de Pierre Jean Jouve 2"*, Béatrice BONHOMME, Hervé BOSIO, GIOVANNI DOTOLI *eds*, 2005, pp. 19–40.

6. Pierre EMMANUEL, *Qui est cet homme* (Fribourg-Paris, Egloff, 1947 ; Paris, Seuil, 1969) ; repris sous forme d'article résumé dans « Ma fidélité continue », pp. 44–59 in *Pierre Jean Jouve*, Robert KOPP *et* Dominique DE ROUX (Paris, L'Herne, « Les Cahiers de L'Herne », 1972).

7. Salah STÉTIÉ, *Lecture d'une femme* (Montpellier, Fata Morgana, 1988).

8. Salah STÉTIÉ, « Dernière maison du souffle », *Sud*, n°s 106-107, 24e année, 1994, p. 16.

9. Salah STÉTIÉ, *Rimbaud, le huitième dormant* (Montpellier, Fata Morgana, 1993), p. 24.

10. Salah STÉTIÉ, « Lecture d'une femme », *Les Cahiers obsidiane*, n° 1 : *"Autour de Salah Stétié"*, 1979, pp. 104–11 (p. 110).

11. Salah STÉTIÉ, *L'Autre côté brûlé du très pur* (Paris, Gallimard, 1992), p. 36.

12. Charles BAUDELAIRE, *Le Spleen de Paris* (Paris, L.G.F., « Le Livre de poche », 1996), « Le Désir de peindre », pp. 110-1.

6

ESSAI D'UNE LECTURE DE LA POÉSIE
DE JOUVE

SELON LA PENSÉE DE LACAN

par Léa COSCIOLI

Jouve rencontre la pensée freudienne en 1926, en participant avec Blanche Reverchon à la traduction de l'ouvrage *Trois essais sur la théorie de la sexualité*.

La découverte de la psychanalyse a un impact fondamental sur sa création. Tout en reconnaissant que « *la théorie psychanalytique, l'expérience psychanalytique, ne sont pas des objets de poésie* » (II, 1075), Jouve puise néanmoins dans ce nouveau champ d'idées une puissance « *permet*[*tant*] *d'enrichir l'expression de la force dramatique du moi* » (1076). Le lien ainsi établi entre psychanalyse et poésie se renforce avec la notion d'« *inconscient poétique* », lieu intime offrant un riche potentiel d'inspiration. Écrire à partir des valeurs inconscientes devient une nécessité : importance du symbole, schèmes primordiaux d'Éros et de Thanatos ainsi que processus du travail onirique vont désormais structurer l'œuvre. Dans *Apologie du poète*, Jouve explicite les modifications profondes qu'entraînent, selon lui, les théories psychanalytiques dans le domaine de la poésie. Il évoque : « [...] *la matière de la Poésie s'est transformée. Un afflux de substance est arrivé, de nouveaux registres ont apparu ; le possible a été augmenté brusquement [...] ce qui impliquait de nouveaux devoirs pour l'esprit créateur chargé de conduire.* » (I, 1195). Une telle intégration du phénomène analytique, tant au niveau des sources de la création que de la fonction même de l'artiste, inscrit Jouve dans une dynamique résolument moderne pour son temps : preuve en est de l'accueil mitigé que reçoit alors son « enthousiasme psychanalytique ». C'est ce que nous suggère Jouve dans *En miroir* :

Empli de mes vérités neuves, je parlais beaucoup à ceux qui me semblaient capables d'entendre. Il m'arrivait de perdre la notion du risque au point de vouloir convaincre quelque dangereux littérateur. [...] Justes dieux ! Quel scandale. [...] On ne troublait pas impunément la raison de ces descendants de Voltaire. (II, 1076)

Nous aimerions étoffer cette modernité de l'écrivain par une lecture de certains aspects de sa poésie à la lumière de Lacan. La thèse majeure de Lacan, posant que l'inconscient est structuré comme un langage, nous paraît pouvoir justifier la lecture que nous nous proposons.

Cette hypothèse lacanienne indique la trajectoire du retour à Freud. Lacan fonde sa réflexion dans les éléments du travail du rêve tels que Freud les a exploités dans *L'Interprétation des rêves*, ouvrage inaugural paru en 1900, qui expose la théorie de l'inconscient. Les processus du rêve, condensation et déplacement, auxquels Freud lui-même avait annexé la métaphore et la métonymie, fournissent à Lacan la possibilité d'établir une analogie entre mécanismes inconscients et mécanismes langagiers. Le structuralisme saussurien, en outre, influence la pensée de Lacan, qui affirme que « *c'est toute la structure du langage que l'expérience psychanalytique découvre dans l'inconscient* » (p. 492[1]). Le langage acquiert ainsi une fonction primordiale : faire advenir l'inconscient, et former le lieu au travers duquel ce dernier peut se libérer.

Lacan emprunte à Saussure la notion de « valeur du signe » : un signe ne prend son sens qu'en fonction de sa relation aux signes environnants.

132

À travers l'étude de la métonymie et de la métaphore, Lacan met en exergue la primauté du signifiant en montrant que, pour l'inconscient, seules les substitutions de signifiants importent : le signifié enfoui se sert des signifiants pour s'exprimer. Le sujet se voit donc « *agi, à son insu, par les signifiants du langage en relation avec l'inconscient* » (p. 58[2]). Cette emprise du signifiant apparaît « *une des propriétés les plus fondamentales qui scelle le rapport du sujet à son discours et que nous pouvons ranger au fondement même de la notion de* parlêtre *chez Lacan* » (p. 58[2]). Lacan en vient à modifier l'algorythme de Saussure, qui structure le signe en deux éléments, signifié (concept) sur signifiant (image acoustique)[3].

Lacan, en inversant les places de signifiant et de signifié, va symboliser la domination du signifiant, domination qu'il renforce en désignant ce signifiant par un *S* majuscule.

La thèse saussurienne émet l'idée d'une coupure délimitant le rapport entre le flux des sons et celui des pensées. Mais « *il ne s'agit plus pour Lacan de souscrire à l'idée d'une* « coupure » *qui unirait le signifiant au signifié en même temps qu'elle les détermine tous les deux, mais d'introduire cette délimitation par un concept original qu'il nomme* point de capiton » (p. 48[2]). Ce nouveau processus par lequel un signifiant s'associe à un signifié est à relier au plan du désir. L'innovation lacanienne s'ancre dans le fait que « *la délimitation de la signification est circonscrite, d'emblée, à l'ensemble de la séquence parlée et non à des unités élémentaires successives* » (p. 50[2]). Cela met à jour l'idée d'un sens rétroactif, qui ne peut se comprendre qu'à la fin de l'articulation signifiante : « [...] *c'est dans la dimension de* l'après-coup *que le* point de capiton *arrête le glissement de la signification.* » (p. 51[2]).

Il nous semble que la poésie apparaît un lieu privilégié de ce glissement du sens dans les éléments du discours, et ce malgré le travail formel qui s'efforce de contrôler l'intrusion inconsciente tout en y trouvant un matériau précieux. Nous verrons que cet équilibre se montre difficile à atteindre. De plus, l'hypothèse lacanienne initie tout un cheminement de l'individu au travers du symbolique, dont nous pouvons repérer certains moments dans la poésie de Jouve.

L'assujettissement au langage remonte aux temps les plus archaïques. La première rencontre de l'enfant avec le langage est aussi celle d'avec son désir, désir s'amorçant sur le besoin. Lors de la toute première tétée l'enfant, outre l'apaisement de sa faim, éprouve une satisfaction dépassant le simple besoin : celle d'un au-delà qui est l'amour de la mère reçu avec une intensité immédiate. Ainsi, « *l'en plus de la jouissance supporté par l'amour de la mère vient s'étayer sur la satisfaction du besoin proprement dit* » (p. 187²). Mais cette première expérience s'avère unique car, désormais, l'enfant devra désirer par le biais de la demande adressée à l'Autre, cet Autre qui est la mère : c'est elle qui inscrit le lieu des référents symboliques au travers desquels la demande prend sens. Cette demande peut donc être comprise comme une projection du désir de la mère, et l'enfant devient « *irréductiblement inscrit dans l'univers du désir de l'Autre dans la mesure où il est captif des signifiants de l'Autre* » (p. 187²). Conception du désir en tant que désir de l'Autre qui éclaire un implicite de l'appel enfantin, au travers duquel se fait entendre la question du « Que veux-tu ? », ce « *che vuoi* » (p. 169⁴) emprunté par Lacan au roman de Cazotte, *Le Diable amoureux*. Lacan écrit ainsi : « *Ce que je cherche dans la parole, c'est la réponse de l'autre. Ce qui me constitue comme sujet, c'est ma question.* » (p. 297²).

Mais la médiation de la demande de l'enfant reste impossible. Rien ne peut signifier le désir profond : être l'unique objet du désir de l'Autre tel que l'enfant l'a éprouvé lors de la satisfaction primordiale. Innommable du désir de l'enfant, fameux « *objet* a [...] *témoignage d'une perte* [...] objet producteur de manque *dans la mesure où cette perte est impossible à combler* » (p. 189²).

L'entrée dans le système sémantique institue le sujet au sein d'une béance, et l'inscrit dans une quête de l'inaccessible. Quête qui meut, se profilant derrière chaque action du sujet. Qui fait écrire aussi, comme nous allons le découvrir maintenant.

Il semble que nous puissions reconnaître certaines traces, dans la poésie jouvienne, du cheminement pré-œdipien que nous venons d'aborder.

Le recueil *Sueur de sang* développe la thématique du cri, intervenant toujours dans un contexte de nativité. Pour Lacan, le cri « *appelle sa réponse* [...] *les cris sont d'ores et déjà virtuellement organisés en un système symbolique* » (p. 188[4]). Les vers suivants illustrent admirablement ce cri initial d'appel sur fond de perte :

> Aime le chœur étincelant des syllabes
> De renoncement aime le cri du corps
> Qui perd la vie [...]
> Le soubresaut final et l'immédiate aurore.
>
> (« *Les Masques 21* » ; I, 250)

Les deux derniers vers pointent le cheminement singulier du sujet : partir de la mort pour se diriger vers la vie. Béance initiale creusée par l'ordre symbolique dont de nombreux poèmes manifestent la force. Dans « *Langes* » (251), un parallèle s'établit entre « *l'enfant et le mourant* ». Et que signifie le syntagme « *babil obscène de la pensée* », sinon la trace « *sur le blanc linge* » d'un état de jouissance pré-linguistique ? Le poème suivant inscrit la brisure :

> Et puis un mouvement de la puissance avare
> Se fit. Ce furent les rais nus de verre
> Cassants et beaux comme la cruauté
> Qui jouissant de fendre l'air dans sa douleur
> Accouplèrent la nuit les hommes et le jour.
>
> (« *Tout premiers les rayons* » ; I, 252).

Nous lisons ailleurs :

> Ou serait-ce le couteau qui dès l'aurore
> Sous un arbre géant natal tout mystérieux
> Tailla, pour oser la vie humaine ?   (« *Les Masques 1* » ; I, 242)

La relation fondamentale au désir de l'Autre est également mise à jour, comme dans ce questionnement : « *Mon amour est-il une infime lueur perdue de Ton / Amour* [...] » (*« Mon amour est-il une infime lueur »*; 124). Plus loin, le poète désire un ailleurs où « *[il] n'a plus soif d'être aimé ni compris* » (*« Corviglia »*; 128), ailleurs qui le verrait libéré du joug d'une « *mère* [...] *absolue de [s]a misère* » (*« Lieu sans forme aimé éternellement »*; 267).

Puis, le désir de retour vers l'amour premier s'insinue sur le versant nostalgique, comme dans les vers suivants :

> Je voudrais te retrouver [...]
> [...]
> [...] Et ton fameux visage
> Serait le doux, le même, le vrai comme autrefois.
>
> (*« Je voudrais te retrouver »*; I, 184)

Dans le poème liminaire du même recueil, le poète évoque le « *soleil de [s]a jeunesse* » (*« Songe un peu »*; I, 85), un soleil personnifié et maternel :

> Il était rose
> Il occupait la moitié du ciel
> [...]
> Il avait une couleur
> [...] il avait un désir
> Il avait une chaleur
> [...]
> Il t'aimait   (*« Songe un peu »*; I, 85)

À d'autres moments, le caractère impossible de la quête est avoué :

> Combien l'homme a de mépris pour cette bouche qu'il adore
> [...]
> Il demande toujours l'odeur et la saveur et la couleur
>   du corps des femmes
> [...]
> Leur mensonge
> [...]
> Et puis après
> Vient sa tristesse
> Qu'il reconnaît   (*« Songe »*; I, 89)

Le « *mensonge* » peut indiquer l'échec du leurre recherché auprès

136

des femmes, au cours d'expériences qui ne font que réactiver l'inassouvissement primitif, « *tristesse / Qu'il reconnaît* ». Car l'« *inguérissable amour* » (« *À celle qui s'amuse* » ; I, 253) ressurgit toujours.

Ainsi, certaines étapes clés du cheminement pré-œdipien ne semblent pas étrangères à l'œuvre. Mais permettons-nous d'aller plus en avant encore dans la théorie analytique.

Dans la dialectique de la frustration se jouant entre la mère et l'enfant, la satisfaction du besoin vient se substituer à la satisfaction symbolique : « *L'enfant écrase ce qu'a de décevant le jeu symbolique, dans la saisie orale de l'objet réel de satisfaction, le sein en l'occasion.* » (p. 183[4]). Ce phénomène compensatoire introduit un renversement, et « *ce qui prend accent et valeur symboliques, c'est l'activité, le mode d'appréhension, qui met l'enfant en possession de l'objet. C'est ainsi que l'oralité devient ce qu'elle est* » (p. 184[4]). Lacan insiste sur le fait que ce n'est pas l'objet réel qui est érotisé mais bien l'activité de substitution. Jouve fait référence à l'oralité, pour preuve l'image forte du « *glouton mangeur du sein de chair humaine* » (« *Les Masques 5* » ; I, 244). C'est à cette étape précise que la mère devient toute-puissante, « *être réel dont dépend, absolument et sans recours, le don ou le non-don* » (p. 185[4]). Se déroule ensuite une dialectique particulière au cours de laquelle l'enfant croit être l'objet manquant du désir de la mère. Mais, pressentant qu'il ne peut combler le désir maternel, l'enfant s'identifie à un leurre. « Devenir-leurre » qui réactive le leurre de la compensation orale vu précédemment : c'est ainsi que l'enfant va projeter l'oralité sur la figure de la mère. Les fantasmes propres à la castration maternelle interviennent ici.

Ces scénarios imaginaires d'une gloutonnerie redoutée en retour jalonnent la poésie de Jouve, mettant en scène le sexe féminin. Ce dernier devient sexe-bouche immense et engloutissant, « *rire sans dents souriant* [...] *riant de la semence dans l'abîme* » (« *Bête* » ; I, 210). D'autres vers rejoignent la métaphore-type du sexe dévorant, comme cet appel : « *Lacérez-moi de vos dents / Vulves féroces !* » (« *Orphée* » ; I, 343).

Nous lisons encore l'étrange évocation d'« *un monstre de poils et de crocs* [...] *qu'un rire atroce immémorial secoue* » (« *Combat des yeux* »; I, 214). Puis le poète affirme : « *Boire l'homme à l'état liquide / Est un ancien désir de femme* » (« *Sur la pente* »; 266). Il déplore « [*avoir*] *trop vu* [...] *la patrie comme une mère manger ses fils* » (« *1936* »; 344-5).

Ordre symbolique érigeant le manque, réalité menaçante d'une mère omnipotente : il n'est certes pas aisé de pénétrer l'univers sémantique. Mais l'élaboration de la métaphore paternelle intervient ensuite, avec ses deux pôles : radicalisation de la perte dans l'accès au symbolique, articulation d'une castration seconde permettant à l'enfant de se déprendre de la fusion maternelle. Rappelons brièvement les bases théoriques de la fonction paternelle. Remontons pour cela aux premiers temps de l'Œdipe.

Lors de l'observation de la différence sexuelle, l'enfant élabore la notion de manque de pénis. Cette conception infantile d'un manque imaginaire introduit l'existence d'un objet suppléant imaginaire lui aussi : le phallus, désormais signifiant primordial du désir de la mère. Au cours d'une première phase, l'enfant s'enferme dans une « dialectique de l'être : *être l'unique objet du désir de la mère, être l'objet qui comble son manque, être son phallus* » (p. 116[2]). L'introduction dans un second temps de la fonction du père s'avère primordiale. Le père pose l'interdit en direction de la mère. Il incarne la loi nécessaire grâce à laquelle l'enfant va pouvoir se déprendre de l'objectivation du champ maternel. Pour que ce passage au statut de sujet s'effectue, l'enfant doit symboliser la loi paternelle. Il doit donc renoncer à être l'objet du désir de la mère : acte du refoulement originaire. La métaphore paternelle s'instaure sur ce refoulement : opération inaugurale de langage au cours de laquelle le signifiant du Nom-du-Père se substitue au signifiant phallique du désir de la mère.

La présence de la thématique paternelle dans la poésie jouvienne est indubitable. Convoqué le plus souvent à travers l'image de Dieu, il nous semble néanmoins que le père ne peut se réduire à une métaphore divine. Inlassablement, l'appel au père-juge résonne : appel à la censure comme seul moyen d'apporter une délivrance. C'est bien la libération par le renoncement qui est espérée de cette

> [...] paternité divine
> [...]
> [qui] caresse
> Et menace les jours   (« *Rosée de l'origine* » ; I, 164)

Nous lisons encore : « *Renoncer au monde* [...] *par un acte de souffrance* » (« *L'Énergie* » ; 104). Le poème « *Père* » (167-9) est très explicite. Il évoque un « *toujours plus haut corps que le mien* », l'« *autorité* », « *les yeux les plus lourds* », « *tu m'accablais* ».

Le thème d'Hélène incarne de façon éclatante, chez Jouve, le meurtre libérateur. Rappelons brièvement l'histoire d'Hélène telle qu'elle se déroule dans le roman *Dans les années profondes*. Comtesse de Sannis, femme d'âge mûr, Hélène entretient une relation adultérine avec Léonide, jeune homme inexpérimenté. Lors de la concrétisation charnelle de leur amour, Hélène meurt. Sa disparition révèle la force artistique de Léonide : ce dernier va naître à la vocation littéraire. Dès le lendemain de la mort d'Hélène, le jeune homme pressent cet éveil : « *Le repos d'Hélène était, dans ma foi qui l'avait enfin accepté, sublime, et créateur.* » (II, 1047). Il évoque, dans les jours qui suivent, « *des états, de mélancolie, de joie, d'annonciation, de désespoir* [...] *les états qui seuls me permettaient de communiquer avec Hélène désormais* [...]. *Je voulus fixer les états qui me faisaient tant de bien, les écrire sur du papier.* [...] *Je n'y parvenais pas. Mais une patience, nouvelle et profonde, se formait aussi...* » (1049-50). Ce roman signe l'arrêt de la production romanesque et le dévouement exclusif de Jouve à la poésie. Il nous semble ainsi que l'aventure d'Hélène rejoue le processus d'entrée dans le symbolique vu précédemment avec la métaphore paternelle. La mort d'Hélène peut symboliser la rupture d'avec la fusion maternelle par l'entremise de la perte de l'objet de désir primitif : mort agissant comme refoulement originaire permettant l'accès aux mots.

Ce drame incarne en quelque sorte la répétition telle que Freud l'a analysée dans le jeu enfantin du *fort/da*[5]. Lacan perçoit dans la répétition le lieu où « *la subjectivité fomente tout ensemble la maîtrise de sa déréliction et la naissance du symbole* » (p. 317[1]). Par le jeu, l'enfant devient maître des absences et présences maternelles. C'est finalement par une sorte d'accaparement du pouvoir mortifère du symbole ainsi réitéré que le sujet « *élève son désir à une puissance seconde* [...] *car son action* [...] *négative ainsi le champ de forces du désir pour devenir à elle-même son propre objet* » (p. 317[1]). La répétition de cette mort inaugurale à présent chargée d'activité amorce une délivrance, comme l'écrit encore Lacan :

La liberté de l'homme s'inscrit toute dans le triangle constituant de la renonciation qu'il impose au désir de l'autre par la menace de la mort pour la jouissance des fruits de son servage [...] suprême détour par où la particularité immédiate du désir, reconquérant sa forme ineffable, retrouve dans la dénégation un triomphe dernier.   (p. 318[1])

Ainsi, le meurtre d'Hélène apparaît mort choisie et infligée par l'écrivain à son personnage, versant actif qui éternise le désir et permet l'écriture.

Selon Lacan, le désir libéré à l'issue de la métaphore paternelle s'engage dans une voie métonymique, car voué à désigner l'objet initial perdu au travers d'objets substitutifs. N'est-ce pas flagrant dans *Matière céleste*, le recueil d'Hélène ? Jouve y chante les parties du corps féminin : sein, bouche, hanche et chevelure incarnent les espaces privilégiés au travers desquels le poète poursuit son désir premier.

Nous pouvons donc lire chez Jouve les différentes étapes d'entrée dans la communication car, comme pour le langage, c'est au prix du désir que l'écrivain pénètre en poésie.

L'ordre symbolique inaugure ainsi une division du sujet, la « *Spaltung* » (p. 128[2]). Nous lisons dans *Vocabulaire de la psychanalyse* : « *Le terme de* Spaltung, *pour lequel nous adoptons l'équivalent français "clivage", a des emplois très anciens et variés en psychanalyse et en psychiatrie ; de nombreux auteurs, dont Freud, l'ont utilisé pour désigner le fait que l'homme, sous un aspect ou un autre, se divise d'avec lui-même.* »[6]. Pour Lacan, ce concept représente

le caractère le plus inaugural qui définit la subjectivité, puisqu'elle est, précisément, ce par quoi le sujet advient ; ce par quoi le sujet se structure sur un certain mode psychique en advenant. [...] la Spaltung apparaît comme ce qui *institue* l'appareil psychique en un système plurisystémique. C'est en ce sens qu'elle peut être posée comme *division inaugurale du sujet*, qui procède de l'assujettissement du sujet lui-même à un ordre tiers qui est l'*ordre symbolique.*   (p. 131[2])

Nous l'avons vu, l'accès au langage repose sur le refoulement originaire. Au travers de cet acte, le signifiant du désir de la mère devient inconscient. Lacan extrait ici deux conséquences majeures. La première est que le sujet ne reconnaît plus le désir qui sous-tend son langage. Il entre en quelque sorte dans la méconnaissance de son propre discours. L'assertion lacanienne posant que « *l'inconscient est le discours de l'Autre* [...] *l'au-delà où se noue la reconnaissance du désir au désir de reconnaissance* » (p. 522[1]) s'éclaire : l'inconscient est le discours de l'Autre du sujet qui lui échappe, Autre comme lieu originel des référents symboliques enracinés dans le désir. La seconde conséquence pose que c'est le langage qui instaure l'inconscient : « [...] *c'est l'ordre signifiant qui cause le sujet en le structurant dans un processus de division qui fait advenir l'inconscient.* » (p. 132[2]).

Notons à présent la distinction importante entre parole et langage : là où ce dernier concerne le sujet et le symbolique proprement dit, la parole touche à la vérité de l'être, au sens intime de son désir. Lacan écrit d'ailleurs que « *le symptôme* [...] *est langage dont la parole doit être délivrée* » (p. 267[1]). L'analyste nomme le phénomène d'inhibition de la parole dans le langage « *refente du sujet* » (p. 137[2]) : le sujet du désir s'efface derrière la représentation du Je. Clivage entraînant une « objectivation imaginaire du sujet *qui n'a d'autre issue que de s'identifier de plus en plus aux différents "tenants-lieu" qui le représentent dans son discours* » (p. 155[2]). Cette rupture subjective peut se lire dans la relation que Jouve entretient avec le travail d'écriture. La distanciation du poète envers lui-même s'avère fréquente. Jouve écrit dans *En miroir* : « *Le bourreau, comme le croyant, veulent que je travaille sans cesse.* » (II, 1082). Ce « despote » auquel se heurte le poète prend sa réalité dans le poème suivant :

> Tu es mon bourreau ô livre [...]
> [...]
> Mais son autre voix [...]
> Répondait
> [...]
> Erreur erreur toujours de celui qui n'a pas encor fait,
>
> («*Magie*»; I, 96-7)

La division interne apparaît clairement : un Autre insatisfait se tient derrière le Je. Quelque chose ne peut s'écrire. Indicible-intranscriptible lié au désir :

> Quitte ce corps solitaire
> Esprit de création gaie
> [...]
> Laisse la terre dans le désir qui veut dénouer ta ceinture
>
> («*Quitte ce corps solitaire*»; I, 109)

Le sujet semble se perdre dans le langage : « *Je pleure, je ne peux pas parler, j'ai peur de mentir* [...] » (« *Je pleure, je ne peux pas parler* »; 124).

La question centrale se dévoile : « *Il ne s'agit pas de savoir si je parle de moi de façon conforme à ce que je suis, mais si, quand j'en parle, je suis le même que celui dont je parle.* » (p. 514[1]). Par conséquent, et ce de manière paradoxale, le langage initie une quête de vérité :

> Je ne tiens plus en place
> Je cherche je deviens
> Je n'ai plus mon vrai âge [...]   («*Songe*»; I, 86)

Ici, le *je* martelé dans une improbable affirmation ne parvient à masquer le délitement subjectif.

À peine entré dans l'ordre linguistique, le sujet se trouve enlisé dans une aliénation nouvelle à son discours. Mais le langage, comme cause du sujet, représente en retour l'unique moyen par lequel la vérité du sujet peut advenir : de ce qui emprisonne, la délivrance est attendue.

Le sujet s'engage dans une quête de sens à travers son discours. Cette recherche initie le déclenchement d'une « *impérieuse prolifération de créations symboliques particulières [...] opération où se démontre que même au niveau individuel, la solution de l'impossible est apportée à l'homme par l'exhaustion de toutes les formes possibles d'impossibilités rencontrées dans la mise en équation signifiante de la solution* » (p. 517[1]). Ce versant symbolico-imaginaire constitue l'étape première d'une cure analytique. Le sujet y déploie toutes les articulations imaginaires liées à sa question existentielle, son symptôme. Cette phase forme une tentative de récupération de jouissance de manière fantasmatique. C'est précisément en ce lieu que la poétique prend place, ce qui amène Lacan à dire que « *l'expérience psychanalytique [...] manie la fonction poétique du langage pour donner à son désir sa médiation symbolique* » (p. 320[1]). Le phénomène métaphorique intervient ici, car « *c'est dans la substitution du signifiant au signifiant que se produit un effet de signification qui est de poésie ou de création, autrement dit d'avènement de la signification en question* » (pp. 512-3[1]). Métaphore comme explosion du sens : car le sens fondamental de l'être vient au jour dans les distorsions du code de la langue. La poésie jouit du privilège d'exploiter ces distorsions.

Chez Jouve, beaucoup de métaphores forment des entrelacs, concrétions concourant à une émergence signifiante. Nous lisons par exemple :

> Elle s'ouvre : c'est une aurore ou une femme
> C'est un ciel tombant bleu et feu dans nos blessures
> Un étincellement de monstres de marbre
> Ses yeux féminins ouverts sous nos deux yeux.
>
> (« *Masses immenses du beau temps* » ; I, 301)

Le sens sexuel surgit au travers d'images diverses. La nature est fréquemment érotisée, comme ces « *arbres géants suspendus* à la mamelle du ciel mauve » (« *La Brouette* » ; I, 117), et ces « *pentes de la terre* [...] *membres léchés par d'obscènes bosquets* » (« *Œil des cheveux* » ; 212).

À l'inverse, les métaphores naturelles modifient l'espace du corps :

> Les pentes [...]
> [...]
> Sont escortées de seins classiques :
> Les filles les portent, le bout
> Voisin des forêts des aisselles   (« *Escorte I* » ; I, 165)

Par moments, les personnifications de parties corporelles, mêlées aux synesthésies, manifestent la puissance autonome du corps : « *Ces lèvres qui pleurent, ces dents qui se lamentent / Ces yeux qui crient et ces cheveux qui dorment* [...] » (« *Les Masques 20* » ; I, 249). La jouissance du fantasme se poursuit par des effets de surenchère, comme ces suites d'adjectifs apposés, « *ciel bleu beau suceur de la mer* » (« *Si belle la pierre blonde* » ; 226), « *souffle dur immobile et fort* » (« *Le Déluge n'est pas encor venu* » ; 165). Les procédés d'accumulation semblent manifester un investissement d'énergie important. Ce phénomène peut concerner les déterminants : « *La cruauté, le noir et la misère. / Le regard emmêlé.* » (« *Œil des cheveux* » ; 212).

L'accumulation de prépositions matérialise parfois cet afflux :

> Le Déluge se retirant avec des vapeurs, dans le sein
> Du volcan qui est rouge et corrompu et dans la terre
> Éternellement sèche, et dans la tiédeur
> Des lignes d'air sur la pure modulante étendue
>   (« *Sur les berges* » ; I, 175)

Les compléments s'agglutinant autour d'un substantif manifestent un mouvement similaire :

> Scalp de nobles chevelures de princesse du sang
>   [...] travail d'humeurs
> De rêves de remous de charmes de visions
>   (« *Les Masques 8* » ; I, 244-5)

L'usage des pléonasmes accentue l'effet de surenchère, comme ces « *cris de becs d'oiseaux* » (« *Feuille* »; 138) et cette « *bouche absorbée par la gueule* » (« *Le Déluge n'est pas encor venu* »; 165). La fréquence des polyptotes contribue à une impression d'enchevêtrement : « *Profondément s'en va vers les profondeurs inspirées* [...] » (« *La Terre avec son œil gris* »; 108).

Nous retrouvons le phénomène répétitif : jouissance manifestée, pouvoir incantatoire dépouillant le mot de son sens dénoté, comme dans les vers suivants : « *Tu joues entre tes seins de mère ensevelie* / [...] / *Tu es jolie tu es jolie tu es jolie !* » (« *Tu joues entre tes seins* »; 237).

Les répétitions de phonèmes jouent également un rôle signifiant, comme par exemple cette allitération en [r] évoquant le plaisir incestueux :

> Après la sombre eau claire où l'on aima la sœur
> Après le brouhaha du bonheur dans le jet
> Du plaisir contre la chevelure fiévreuse et l'herbe
>
> (« *Transport* »; I, 271)

Nous repérons aussi la répétition de la terminaison adjectivale [ante], avec ces « *lianes turgescentes* [...] *têtes médusantes* [...] *chaleur désirante* [...] *chairs bouleversantes* » (« *Le Pur poète est mis* »; I, 238). Le poète ne fait-il pas ici face à l'emprisonnement du désir de l'Autre, cet Autre qui hante ?

Évoquons enfin ce qui peut faire figure de distorsion suprême : le néologisme. Analysons deux créations de ce type. La première, « *mentule* » (« *Monstrum* »; I, 228), représente une partie corporelle d'un être fantasmatique bisexuel. La seconde, « *arespirant* » (« *Ce soir je lui parlai* »; I, 257), s'insère dans un poème ambigu au sein duquel le poète se féminise. Ces deux créations se rapportent au questionnement sur l'identité sexuelle, prouvant une fois encore que le sens profond pointe dans la distorsion.

Ainsi, la poésie se situe dans le déploiement des « dires », versant fantasmatique au lieu duquel le sujet s'adresse à l'Autre : exploration de l'aliénation imaginaire.

Dans le cheminement de la cure analytique, ces « dires », peu à peu, encerclent un trou, une béance nouvelle : quelque chose reste, indéchiffrable. Ce trou inscrit un hors-sens : il ne concerne plus l'inconscient comme discours de l'Autre. Il est précisément la production par le sujet d'une jouissance inédite, son « dire » à lui. Au travers du déroulement imaginaire, le sujet cerne le manque de l'Autre. Car, « *dans la relation à l'Autre comme tel, comme lieu de la parole,* il y a un signifiant qui manque toujours. *Pourquoi ? Parce que c'est un signifiant, et* le signifiant est spécialement délégué au rapport du sujet avec le signifiant. Ce signifiant a un nom : c'est le phallus »[7]. Ce n'est qu'après avoir reconnu le manque de l'Autre que le sujet accepte la dimension de manque de son propre désir et peut, dès lors, trouver une jouissance substitutive. Ce point nodal de la cure apparaît donc comme résolution de la castration. Il constitue l'entrée du sujet dans le réel, celui de sa pulsion, de sa jouissance, hors signifiants donc.

Il nous semble par moments que la poésie de Jouve parvient à cet instant-limite : indicible que seul le blanc est apte à manifester. Observons le poème « *Lamentations au cerf* » :

Sanglant comme la nuit, admirable en effroi, et sensible
       Sans bruit, tu meurs à notre approche.
Apparais sur le douloureux et le douteux
Si rapide impuissant de sperme et de sueur
Qu'ait été le chasseur ; si coupable son
       Ombre et si faible l'amour
Qu'il avait ! Apparais dans un corps
Pelage vrai et
       Chaud, toi qui passes la mort.
Oui toi dont les blessures
       Marquent les trous de notre vrai amour
À force de nos coups, apparais et reviens
Malgré l'amour, malgré que
       Crache la blessure.   (I, 222)

L'en-creux se dessine. Trouées du langage comme autant de percées de la voix pulsionnelle au sein des « dires ».

Nous espérons avoir pu démontrer la possibilité d'une lecture jouvienne selon certains concepts lacaniens. Il nous a semblé pouvoir déceler chez Jouve plusieurs étapes du parcours subjectif. C'est ici que nous pointons la modernité du poète : avoir su saisir la réactivation, au sein du processus créateur, de la relation complexe de l'être au langage.

Nous avons vu également comment l'activité poétique pouvait s'apparenter au versant symbolico-imaginaire du déroulement d'une cure analytique. L'efficacité de la cure tient au climat particulier instauré entre analysant et analyste : relation intersubjective unique permettant l'instauration d'un « *tiers lieu* [...] *lieu de la convention signifiante* » (p. 523[1]). Car finalement, « *à toucher si peu que ce soit à la relation de l'homme au signifiant* [...] *on change le cours de son histoire en modifiant les amarres de son être* » (p. 524[1]).

Il en va tout autrement de la poésie, où la relation nouée avec le lecteur ne revêt rien de commun avec l'intersubjectivité analytique. Néanmoins, le parallèle établi au fil de notre travail soulève une réflexion sur la valeur symptomatique de la création. Cet aspect peut se révéler, dans l'œuvre jouvienne, au travers d'un phénomène récurrent : l'écrivain ne cessera en effet de réactiver le mythe de la morte. Ne pourrions-nous pas entrevoir ici la réitération inlassable de « ce qui fait symptôme », réitération nécessaire à l'acte d'écrire ? Dans ce cas, si la poésie traduit une quête de vérité du sujet, l'écrivain ne semble avoir d'autre issue, pour accéder à la dimension de son désir, que l'arrêt de l'écriture. Drame de l'artiste dont la libération n'est pas à situer ailleurs que dans la condamnation de son art, le silence :

> Une colombe en gestation silencieuse
> Qui viendra sur le toit
> Avec un nouvel effet de silence.   (« *Le Déluge* » ; I, 175)

1. Jacques LACAN, *Écrits I* (Paris, Seuil, 1999).

2. Joël DOR, *Introduction à la lecture de Lacan : L'Inconscient structuré comme un langage, La Structure du sujet* (Paris, Denoël, « L'Espace analytique », 2002).

3. Ferdinand DE SAUSSURE, *Cours de linguistique générale* (Paris, Payot, 1971), p. 158.

4. Jacques LACAN, *Le Séminaire. Livre IV : La Relation d'objet* (Paris, Seuil, « Champ freudien », 1994).

5. Sigmund FREUD, *Essais de psychanalyse* (Paris, Payot, 1981), pp. 58–62 : « Au-delà du principe de plaisir ».

6. Jean LAPLANCHE *et* Jean-Bertrand PONTALIS, *Vocabulaire de la psychanalyse* (Paris, P. U.F., « Quadrige », 2002), pp. 67-8.

7. Jacques LACAN, *Le Désir et son interprétation*, Séminaire inédit. Résumé dirigé par Jean-Bertrand Pontalis et agréé par Lacan, dans le *Bulletin de psychologie*, t. XIII, n° 5, 1959-1960, pp. 263–72 ; n° 6, pp. 329-35. Cité par DOR, pp. 246-7[2].

II

ÉTUDE

QUELQUES CORRESPONDANCES DANS *HÉCATE*

par GUILLEMETTE ROY

O N serait tenté, s'agissant de Pierre Jean Jouve, de parler de *correspondances* au sens baudelairien du terme. Pourtant, dans *Hécate*, ce sont bien des correspondances romanesques qui se tissent entre les pages. L'espace du roman est seul, en effet, à pouvoir accueillir ces échos qui, dans l'esprit du lecteur attentif, renvoient l'un à l'autre et, ensemble, produisent un sens jusque-là invisible.

Des correspondances horizontales peuvent former le tissu du roman lui-même : les lieux diffèrent et se ressemblent, les événements se répondent...

Elles peuvent également refléter, par petits éclats, un caractère, un sentiment, une « aventure » de la trame romanesque pour en accuser la vérité. Ces éclats sont, concrètement, le retour d'un objet ou la récurrence d'un mot.

Notre étude n'aura pas le vain objectif de défaire cette trame afin de la mettre au jour, mais en analysant certains de ces échos, elle permettra d'aborder un aspect de l'esthétique romanesque jouvienne. Car, dans la continuité de ces correspondances horizontales ou diégétiques, s'ouvre la perspective de l'ensemble des sphères narratives : si celles-ci, ordinairement, se contentent de se contenir les unes les autres, ici, elles s'ouvrent et communiquent, créant ce qu'on peut appeler des correspondances verticales, dont les « *métalepses* » de Gérard Genette (p. 243[1]) ne sont qu'une étape.

Le roman *Hécate* se déroule principalement en deux lieux, qui sont deux villes : Paris et Vienne. Le lecteur suit Catherine

Crachat dans ses voyages, qui s'organisent ainsi :

PARIS – VIENNE – PARIS – VIENNE – PARIS

On observe déjà une symétrie dans cette disposition. Attachons-nous néanmoins, plus précisément, à l'image qui est donnée des deux capitales.

À Paris, la rue de Catherine est « *lugubre* » (*H*, 14), son appartement plein de « *tristesse* ». Pourtant les descriptions sont contrastées. Elle évoque le Jack en ces termes : « *Le cafard que je trouvais là-dedans était si incomparable* [...] *que je savourais une sorte de paix.* » (20). D'après elle, la vie parisienne est « *une vie de chien* » (17), une vie « *qui de loin paraît impossible et dans laquelle on rentre si facilement* » (60). Paris « *excède* » Pierre.

« *Toutefois il y a l'envers* », dit-elle, « *mon appartement* [...] *s'ouvre sur un grand jardin* PRISONNIER » (*H*, 14). Le contraste des adjectifs indique que cet « *envers* » inspire, encore, des sentiments contradictoires. D'ailleurs, la narratrice poursuit : « *Je l'aime toujours* EN DÉPIT DE *ce qu'il m'a fait,* MAIS *il m'arrive de ne pas pouvoir le souffrir.* » (*H*, 14), « *J'aimais à la passion le silence* [...] *de ses quatre murs.* ». Outre le sens de ces deux phrases, l'enchaînement d'une locution prépositionnelle et d'une conjonction exprimant toutes deux l'opposition, confirme le double sentiment d'amour et de haine que l'héroïne éprouve vis-à-vis de son jardin.

Le lieu où vit Catherine « *depuis dix ans* » (*H*, 14) est donc propice aux conflits intérieurs, mais ceux-ci sont le fruit « *d'événements qui eurent pour théâtre* [*la*] *chambre sur le jardin* » (15). Après ces « *événements* », Catherine arrive à Vienne comme dans un havre de paix. Ruh-Land la dépayse entièrement : terre tranquille en effet, où elle peut observer les conflits des autres, et ne plus penser aux siens : « *Personne en ce lieu qui n'eût son problème.* [...] *Que de conflits rassemblés dans cette terre tranquille.* » (93).

Néanmoins, ces « problèmes » deviennent également les siens, à partir du moment où elle découvre le pied-à-terre. Alors que par

[...] un effet de contraste les yeux de Catherine traversaient la ville extrêmement gaie sous la chaleur neuve de l'été, et voyaient les cafés, les fleurs
et les figures, les rails luisants des tramways rouges, et des arbres, de très
grands arbres très verts à l'ombre desquels marchaient en chantant de beaux
garçons et de robustes filles   (*H*, 45)

Avec le pied-à-terre c'est un quartier lugubre qui apparaît à
Catherine : elle attend « *dans ce* SALE *Opern-Café* » (98), le pied-
à-terre est une maison « *sinistre, en ciment gris-noir* » (103), où
vit une « *sinistre bourgeoisie* » (104)... Ruh-Land devient un
« *guet-apens de gentillesse* » (102). Le piège se révèle aux yeux
de l'héroïne. Ce qu'elle a fui en quittant son logis parisien, un
amour que son intensité même rend impossible, elle le retrouve
au pied-à-terre, en la personne de Pierre. Un détail concret
semble confirmer la proximité symbolique des deux apparte-
ments : ils se trouvent tous deux au quatrième étage :

[...] mon appartement du quatrième s'ouvre [...].   (*H*, 14)
Catherine ne possédait qu'une vague donnée sur le pied-à-terre : au
quatrième.   (*H*, 103)

Ainsi, les correspondances qui s'établissent entre Vienne et
Paris illustrent les relations entre les personnages et les boule-
versements de leur vie intérieure.

Ces relations, qui se tissent pour se défaire les unes après les
autres, prennent plus de relief si l'on note les échos discrets dont
elles sont l'objet.

Quand le récit montre au lecteur l'attirance de Fanny pour
Catherine, un mot, une phrase, renvoient au comportement,
aux gestes passés de l'amant, Pierre. Celui-ci lisait près de
Catherine :

Un soir je me penchai de son côté parce que nous lisions ensemble. [...]
Je le vis rougir, rajeunir, et son visage s'approcher de l'échancrure de ma
blouse. (Jamais il ne s'était permis d'y poser les yeux.) (Je compris après.)
Il avait aperçu la ligne bleue. Il suivait la ligne bleue vers ma profondeur.
Alors immédiatement je me laissai prendre par lui. Plus une force.

                                                              (*H*, 25)

153

À Ruh-Land, l'héroïne lit seule : «*Catherine lisait des poètes allemands [...]. Fanny arrivait près d'elle : "Qu'est-ce que tu lis ? montre-moi."*« (102). Ce «*montre-moi*», mis en relation avec l'épisode du début, prend un sens nouveau : n'est-ce pas la «*profondeur*» (25) de son amie que Fanny souhaite regarder ?

De même, au Jack, Pierre «*glissa un mouchoir de soie sous [le] visage [de Catherine], et il [lui] parut charitable comme un saint*» (H, 22). Chez Fanny, Catherine est mise sous «*un gros abat-jour fait de soierie chinoise*» (54). La soie comme douceur réconfortante et véhicule d'une intention «*charitable*» devient matériau d'un «*gros abat-jour*». Ainsi Catherine vit-elle d'abord une relation pure avec Pierre, puis une relation, avec Fanny, qui aboutit à ce qu'elle nomme une «*écœurante proposition*».

Par ailleurs, un fil invisible relie ces trois personnages principaux ; c'est l'évocation discrète de Venise. Dans «Ce que je suis», Catherine nous raconte «*quand [elle] étai[t] à Venise*» (H, 15) ; puis Pierre est comparé à un «*jeune seigneur vénitien*» (27). Enfin, à Vienne, «*Fanny Felicitas ouvr[e] une armoire de Venise*» (145). Remarquons que de nombreuses pages séparent cette dernière citation des deux premières, ce qui peut trahir la distance à laquelle, malgré tout, les deux amants laissent Fanny.

Au reste, Felicitas s'achemine vers une mort solitaire — puisque suivant celle de Pierre, d'une part, et la restitution des lettres à Catherine, d'autre part. Deux apparitions du motif de l'eau révèlent cette progression vers le néant. À son entrée dans le roman, Felicitas est ainsi décrite : «*Les yeux sont pâles et ressemblent aux nappes d'eau des montagnes par un jour de vent : bleu clair profond.*» (H, 52). Puis sa disparition aura lieu au bord d'un lac ; Catherine raconte : «*J'arrivai la première au lac d'Eibsee en Bavière. C'est un lac noir à onze cents mètres.*» (165). Les «*nappes d'eau*» (52) des yeux de Fanny se concrétisent, se matérialisent en ce lac dont elle voudra faire le tour avant de se donner la mort ; ce faisant ils s'assombrissent, passant d'un «*bleu clair profond*» au «*noir*» (165).

Quant à Pierre et Catherine, la nature profonde de leur

154

relation est mise en lumière par deux détails intéressants, qui sont le motif du lit et le mot *étrangers*.

C'est allongée sur son lit que Catherine voit Pierre pour la première fois (*H*, 18). De même, elle est sur son lit, à Vienne, lorsqu'une lettre de Pierre lancée par Guido arrive par la fenêtre ; et elle retourne s'allonger pour la lire (128). Enfin, « *une autre lettre arriv*[*e*] *jusqu'à son lit* » (160) : l'ultime message de Pierre. Le lit, symbole traditionnel du désir, apparaît donc comme le lieu où les amants séparés peuvent se retrouver, et révèle le lien qui les unit, bien qu'ils veuillent y renoncer. Si Catherine, d'abord, voit Pierre directement, ensuite elle *reçoit ses lettres* sur son lit : cette progression rappelle que malgré l'éloignement physique, le désir — du moins celui de Catherine — demeure, avec l'image du lit. Ces amants, qui se rapprochent et se fondent à force de rester éloignés, sont des *étrangers*, comme en témoigne le retour de ce mot, ou de sa seule signification. C'est, en premier lieu, un nom propre que Catherine prête à son amant : « *Je voudrais t'appeler à moi : ô Étranger...* » (22).

Dans le pied-à-terre où ils se retrouvent plus tard, « *cette maison étrangère* » (*H*, 99), les portes sont pourvues d'« *un petit judas de cuivre où l'on observe l'étranger* » (104) — à travers lequel les habitants peuvent voir monter les amants. Du reste, Pierre et Catherine sont « [*c*]*omme deux oiseaux étrangers* [...], *étrangers au reste et égarés en eux-mêmes* » (121). La métaphore qui assimile les amants à des étrangers est comme entée sur celle qui assimile l'Amour à l'oiseau : Catherine, juste avant de voir Pierre pour la première fois, « *écoutai*[*t*] *les oiseaux.* [...] *Quels oiseaux !* » (18). Puis, après le récit de leur rencontre charnelle, l'héroïne-narratrice se fait la réflexion suivante : « *L'Amour est un oiseau* QUI ENTRE ET QUI SORT. » (25).

Hécate s'inscrit dans la tradition médiévale selon laquelle le véritable amour n'est possible qu'en dehors du mariage. Si la rupture doit, au bout d'un an, éloigner les amants de ce roman, n'est-ce pas à cause du mariage qui finit par s'instaurer entre eux ? « *Nous prétendions avoir l'aisance de mari et femme* » (*H*, 31), raconte Catherine. Ensuite, elle rêve d'une possible union officielle : «*Au fait, pourquoi Pierre ne me proposerait-il pas le mariage ?*» (31).

Telles sont les pensées de Catherine lors de la réception chez Marguerite de Douxmaison, tandis qu'elle cherche Pierre des yeux. Elle le découvre en compagnie de Cogan : Catherine, sentant, au fond, le caractère quotidien, banal, de leur mariage factuel, le trouve donc «*hors* mariage», comme essayant de reconstruire un amour authentique : «*Il avait une légèreté d'inconnu.*» (*H*, 34). Ce terme *inconnu* est, ici, synonyme d'*étranger*. Catherine, puis Pierre, devront redevenir des étrangers au sens propre, pour redevenir amants. Catherine à Vienne est «*l'étrangère*» (41-2) ; Pierre, lui, est «*venu à Vienne comme professeur au titre étranger*» (110). (De même, autrefois, Fanny et Guido Amering s'était retrouvés en Espagne (71)). Ensuite, confronté aux difficultés de la relation adultère, «*Guido Amering* [...] [*mit*] [*Fanny*] *en demeure de fuir avec lui à l'étranger*» (72)).

Ainsi, dans *Hécate*, le pays étranger est bien la terre idéale des amants, il répond à leur situation intérieure réelle : ils sont, en effet, isolés de ceux qui les entourent. De cette façon, Pierre et Catherine marchent dans les rues de Vienne : «*Car ils se trouvaient dehors pour être ensemble.*» (*H*, 121).

En définitive, la récurrence d'un seul mot, ou d'un motif, révèle, mieux que la diégèse, les vérités intérieures de l'œuvre. Ce roman de Pierre Jean Jouve, outre qu'il met en scène des personnages, met donc en scène, au même niveau que ceux-ci, son écriture. En effet, de nombreux liens se tissent entre l'auteur, le narrateur, Catherine comme narratrice, et Catherine l'héroïne.

Nous pouvons, dans un premier temps, constater qu'écriture et lecture sont très présents dans le roman. Celui-ci est en effet parsemé de lettres et messages que s'envoient les personnages : ils communiquent autant par la parole que par l'écrit. En outre, des livres apparaissent : ceux de la bibliothèque de Fanny, notamment, dont Catherine lit les noms d'auteurs : «*(Derrière elle une petite bibliothèque contenait joliment reliés : Suzo,*

Tauler, Angelus Silesius, Hölderlin et Kleist.) » (*H*, 67). Plus tard, elle semble avoir emprunté les ouvrages : « *Catherine lisait des poètes allemands* [...]. » (102). Ce sont, probablement, des livres donnés par Pierre. Les lectures de ce dernier, à la fin de sa vie, sont, de même, précisées :

> [...] je lis les Pères chrétiens ; entre tous le pur et pathétique Augustin. Je t'envoie les livres avec les marques.
> Je médite aussi la parole de Michel Le Tellier à son extrémité : « Je ne désire point la fin de mes peines, mais je désire de voir Dieu. »
> J'écris des poésies.   (*H*, 156)

Il est difficile, à la lecture de ce passage, de ne pas voir en Pierre un reflet de son créateur, Jouve. En effet, ils sont tous deux poètes, et les lectures de Pierre correspondent en partie à celles de Jouve. Ces dernières affleurent, du reste, dans tout le roman. *Hécate* est très riche en allusions intertextuelles, qu'il s'agisse de la littérature médiévale[2], de la Bible[3], de Dante[4], d'Edgar Poe[5] ou de Baudelaire[6]. Ce sont bien les lectures de Jouve qui apparaissent : l'auteur de *Hécate* ne cherche pas, en effet, à voiler son acte d'écriture — lequel passe par la lecture —, source de la fiction.

D'ailleurs, il n'hésite pas à entrer dans celle-ci, à plusieurs reprises. Cependant, la frontière n'étant jamais nette, dans *Hécate*, entre auteur et narrateur, entre narrateur absent et narrateur présent dans l'histoire, ces métalepses estompent les limites entre les niveaux narratifs plus qu'elles ne les exaltent.

À la narratrice Catherine correspond en permanence un narrateur inconnu, très proche de Jouve à notre avis. « Ce que je suis » est un titre à la première personne : cependant cette partie commence à la troisième personne : « *Il y a quelque temps une "aventure" banale arrivait à Catherine Crachat.* » (*H*, 9). La réapparition du *je* dans une parenthèse décrivant « *l'un de ces hommes (fort, brun, énergique, je me souviens bien)* » nous laisse soupçonner que l'héroïne se détache d'elle-même pour mieux se présenter ; soupçon confirmé par la dernière phrase de cette présentation : « *Catherine Crachat, c'est moi.* » (11). Pourtant, comme l'écrit Martine Broda, « [p]eut-on encore, *après un mot de Flaubert, dire en toute innocence "Catherine Crachat, c'est moi* » ? »[7].

Le titre de la deuxième partie est, lui, à la troisième personne : « Catherine Crachat rencontre Fanny Felicitas ». La focalisation, en effet, devient externe : On voit, et on voit Catherine Crachat :

> Bien que du grenier de la danseuse on puisse en ce moment apercevoir les cheminées de Floridsdorf [...], on se sent exclusivement situé, quand on entre dans les deux pièces de la danseuse, dans le milieu de musicales amours qui ont cent ans d'âge, et on éprouve un « sentiment » agréable qui [...] par exemple comprend dans son rayonnement sympathique la figure de cette jeune femme [...]. (*H*, 39-40)

Le regard anonyme glisse de l'extérieur vers l'intérieur, au sens propre et au sens métaphorique : si Catherine est d'abord présentée comme un détail, introduite en tant qu'« exemple », ensuite, elle « *s'interrompt justement pour regarder ses deux pièces,* REGARDONS AVEC ELLE » (40). Nous glissons ici, très nettement, vers la focalisation interne, ce qui est confirmé au début du chapitre suivant : « *Mademoiselle C. coupa court aux démonstrations de son moi invisible* [...]. » (41). Cependant, quand Mme Schrameck vient frapper : « ON *entendit toc toc.* ». Catherine est-elle seule dans cette scène, ou accompagnée de l'observateur, du narrateur ? Tout le roman oscille entre *je* et *elle*, entre focalisation interne et focalisation externe, entre récit autodiégétique (Catherine Crachat raconte son histoire) et récit hétérodiégétique (p. 256[1]) (on raconte l'histoire de Catherine Crachat)... Car l'auteur refuse de choisir.

Dans l'épilogue, moment critique, où l'héroïne narratrice et le narrateur inconnu doivent se séparer, ce dernier se fait personnage de la diégèse : pour lui, la séparation ne peut avoir lieu sans rencontre physique préalable. Il choisit de la retrouver à l'Opéra, endroit par excellence où peuvent se confondre fiction et réalité. Comme Catherine à la Redoutensaal (*H*, 131), il arrive en retard, puis, de même que Catherine fouillait « *une humanité vague qui lui* [faisait] *peur* » (182), il observe ces « *êtres immo-*

158

biles », « *ce fond des* PERSONNAGES »... Ce mot nous arrête : sans doute traduit-il l'identité de l'inconnu, ou en tout cas sa qualité de créateur. La foule perd son caractère humain, ces « *personnages* » sont « *tous pareils comme pétrifiés* [...], *toutes les faibles figures* [...] *paralysées* » (181), « *ce cauchemar mondain* » ; « *le théâtre fourmillait de figures* », « *de visages lointains* [...] *comme des mondes* » (182). Après la représentation, il attend celle qu'il admire, qu'il aime, afin de la voir et de lui parler.

Non seulement le narrateur rencontre, ici, l'héroïne, mais la scène n'est pas étrangère à l'expérience réelle de l'auteur : ces extraits de *Commentaires* forment un nouvel écho, en dehors du roman cette fois : « *Or sous la séduction du concert se produit un abîme continuel, dans lequel on pourrait voir, par une observation perspicace des auditeurs, se dissoudre la personnalité humaine.* » (*C*, 120-1).

Et alors que Jouve sortait d'un concert :

Une voiture s'arrêta et je reconnus celle de Toscanini. Tandis que le conducteur allait chercher le courrier, Toscanini était resté assis sur la place avant ; je remarquai sa pâleur, puis je constatai qu'il parlait — qu'il vociférait — [...] et devant une telle rage, dont je ne soupçonnais pas les causes, je me sentais pris de respect, comme en présence d'une chose sacrée.

(*C*, 132)

L'épilogue forme donc une sorte de pont entre roman et réalité.

Face au Je de l'auteur, Catherine prononce souvent un *vous*, que l'on peut légitimement soupçonner d'avoir le même référent. De la fin du chapitre I, jusqu'à la fin du chapitre II, elle s'adresse clairement à quelqu'un pour parler d'elle-même : « *Connaissez-vous la rue Jacob à la hauteur de l'Hôpital de la Charité ?* », demande-t-elle (*H*, 14). Elle nous apprend qu'elle est belle, et repousse d'avance les compliments d'un interlocuteur : « *Vous, ne me le répétez pas* [...]. » (16). À la fin, l'héroïne présente ainsi son amie : « *— Vous ne connaissez pas encore bien Flore Migett.* » (177). Ce *vous* pourrait aussi être interprété comme une adresse au lecteur. Cependant, Catherine, juste avant de commencer son récit, se propose de le dire à un homme, désigné par *vous* : « *Je cherche un homme-tombeau. Je ne lui dirai d'ailleurs qu'un petit morceau de l'histoire. Voulez-vous être cet homme-là ?* » (16).

Nous pensons que Jouve feint de se faire raconter l'histoire par son héroïne, comme c'est le cas, de façon plus claire encore, à la fin de la première partie, alors que Catherine a rompu avec son amant et relit ses deux lettres en guise de conclusion :

> Catherine avait plongé la main dans sa blouse et retiré deux lettres liées ensemble, et lu celle de rupture, et montré l'autre et les deux :
> — Cette lettre aussi je la mis sur mon sein. Vous voyez. Avec la première. Je l'ai toujours. (*H*, 35)

Juste avant, en effet, Catherine citait la lettre de rupture. Jouve ne semble-t-il pas, ici, raconter un entretien qu'il aurait eu avec son héroïne ? Il porte son regard sur Catherine-narratrice. Partant, l'auteur ne devient-il pas lecteur ?

Tout au long de l'œuvre, les informations circulent selon un jeu subtil entre le personnage principal et son auteur. Au début de la partie qui s'intitule « Heureux jour », alors que Catherine retrouve Pierre à Vienne, une page est consacrée au récit de ce qu'a fait Pierre depuis la rupture chez Marguerite de Douxmaison. Ce récit semble fait par un narrateur omniscient, en focalisation zéro. Les informations qu'il donne devraient donc uniquement circuler entre ce narrateur et le lecteur ; Catherine, personnage du roman, ne devrait pas les entendre. Cependant, elle réagit :

> Oui vraiment ? pense Catherine. Tant que ça ?
> Ils n'ont pas échangé une parole. (*H*, 110)

Cette dernière précision nous permet de ne confirmer qu'une hypothèse : celle que le narrateur — ou l'auteur — racontait *à Catherine*.

Hécate ne fait donc pas partie des œuvres où un auteur crée son personnage. Ici, Catherine Crachat n'est pas plus personnage que créatrice, et Jouve n'est pas plus auteur que personnage : car tous deux communiquent, jusqu'à se confondre.

Le lecteur, quant à lui, n'est pas exclu. La possibilité lui est offerte, en effet, d'écrire avec l'auteur. Le logis de la danseuse est décrit avec une « *petite fenêtre ridicule ou touchante* (COMME ON VEUT*)* » (*H*, 40). L'adjectif est à notre convenance. De même, lorsque Catherine découvre le décor impressionnant — le « *musée* » (51) — de Ruh-Land, Fanny raconte la réaction générale de ses visiteurs, et son discours est ainsi commenté : « ON PEUT MÊME IMAGINER *qu'elle prenait un certain plaisir à éprouver la lassitude ou l'incompréhension d'une personne "intelligente".* » (51).

Le lecteur a un rôle à jouer dans l'imagination qui accompagne l'écriture. L'accent est mis sur l'unicité de toute perception subjective. Existe-t-il meilleur moyen que de laisser un choix, que d'introduire du flou dans une description, pour que le lecteur perçoive l'espace du roman et, ainsi, participe de celui-ci ?

Il est encore invité à pénétrer cet espace lorsqu'il lit, ou entend, *avec* un personnage. Aux pages 49, 130, 183 de notre édition apparaissent ce que voit, ou a vu, un personnage : Catherine se rappelle le carton d'un film muet, *La Fille mendiante* ; Fanny montre à Catherine — *nous* montre — le billet d'entrée à la Redoutensaal ; l'inconnu de l'épilogue revoit, dans sa mémoire, « *les lettres de l'affiche* ».

En outre, Catherine nous invite à regarder la première lettre de Pierre, après l'avoir lue : « *Et regardez l'écriture combien elle est noble.* » (*H*, 19). Et à la fin du roman, elle se souvient de son amie en ces termes : « *Et j'éprouve encore, écoutez, la voix douce, chagrine de Felicitas à mon oreille.* » (173). La perception du personnage et celle du lecteur tendent à ne faire qu'une.

En définitive, les constituants du roman, c'est-à-dire les mots avec leur signification, et donc aussi les éléments du décor, les motifs, les personnages et leurs mouvements, ne se contentent pas de dire l'histoire, mais ils la miment, lui donnent une forme, une morphologie, qui elle-même est une autre histoire, comme une mise en abyme de la première, et plus proche que celle-ci, sans doute, d'une Vérité.

C'est sans étonnement que nous nous rappelons l'opinion de Jouve sur le fond et la forme en poésie : dans *Apologie du poète*, il choisit cette citation de Baudelaire comme « *saisi*[*ssant*] *le problème en entier* » (A, 12) : « *L'idée et la forme sont deux êtres en un.* ». Ainsi, les correspondances observées dans *Hécate* répondent aux correspondances telles que les conçoit Jouve en tant que poète :

> Or la poésie est une pensée — un état psychique — d'*agglutination* ; c'est-à-dire que des tendances, des images, des échos de souvenir vague, des nostalgies, des espérances, y apparaissent en même temps et comme collés ensemble, provenant de hauteurs tout à fait différentes. (A, 10-1)

Dans le roman, on peut interpréter ces « *hauteurs* » « *différentes* » comme les niveaux narratifs. L'écriture, en jouant un véritable rôle, au même titre que les personnages, nous ouvre à la profondeur de la création dans son ensemble : ces niveaux communiquent, et pour Jouve, seul existe un lecteur-écrivain-personnage, qui serait l'homme le plus proche de sa propre Vérité.

Une gravure de M. C. Escher intitulée *Konzentrische Schalen* (traduit par « remplissage concentrique de l'espace »)[8], représente des structures aérées formant quatre sphères concentriques éclairées par une lumière centrale. Cette image peut illustrer notre propos : les sphères pourraient représenter, du centre à la périphérie, Catherine en tant qu'héroïne, Catherine en tant que narratrice, le narrateur inconnu, et l'auteur Jouve.

Ces sphères sont ouvertes les unes aux autres : or *Hécate* est, en effet, une œuvre ouverte.

A	*Apologie du poète*. Cognac, Le Temps Qu'il Fait, 1947.
C	*Commentaires*. Neuchâtel, À la Baconnière, 1950.
H	*Hécate*. Paris, Gallimard, « Folio » 89, 1991.

*

1. Gérard GENETTE, *Figures III* (Paris, Seuil, « Poétiques », 1972).

2. Voir Christiane BLOT-LABARRÈRE, « J'ay ung arbre de la plante d'amours / Enraciné en mon cœur proprement... Résurgences médiévales dans *Hécate* de Pierre Jean Jouve », *Publications de la Faculté des Lettres et Sciences Humaines de Nice*, nouvelle série, n° 22 : *"Hommage au Professeur François Rouy"*, 1995, pp. 331–7.

3. Voir *H*, 66 : Catherine, face à la demande de tutoiement de Fanny, a « *le sentiment de Suzanne au bain* » : il s'agit d'une allusion à l'additif grec du livre de Daniel. Suzanne, femme de Joakim, belle et vertueuse, est convoitée par deux vieillards, qui l'observent dans un parc. Un jour, alors qu'elle se baigne, ils lui déclarent leur désir. Elle refuse de se déshonorer et appelle ses gens. Pour se venger, les anciens l'accusent d'adultère. Elle sera innocentée par Daniel.

4. Dante est présent lors de la description de l'Opéra, dans l'épilogue : « [...] *on a la vision d'un "Jugement dernier des gens du monde"* » (*H*, 181), cette foule figée a l'air d'affronter la « *colère divine* » ; les termes *brasier, feu rouge, bolges*, sont utilisés. Ce dernier mot, d'ailleurs, trouve vraiment son origine chez Dante (voir dictionnaire des *Trésors de la langue française*).

5. L'expression « *démon de la perversité* » (*H*, 103) lui est empruntée, comme le fait remarquer Rita Poli dans son travail sur « L'Hermétisme dans les romans de Pierre Jean Jouve » (mémoire de maîtrise dirigé par Christiane Blot-Labarrère, soutenu à la Faculté des Lettres de Nice en 1978). C'est en effet le titre d'une de ses *Nouvelles histoires extraordinaires*.

6. À Baudelaire sont empruntés les mots « *sans feu ni lieu* » (*H*, 13) : voir *Les Fleurs du Mal* (Paris, Flammarion, « GF », 1991), p. 243. Par ailleurs, la description de Catherine, qui « *regardait par-delà les objets, le fond de la nuit, quelque chose que nous autres nous ne saisissons pas* » (184), rappelle le sonnet intitulé « *Les Aveugles* » (p. 137).

7. Martine BRODA, *Jouve* (Lausanne, L'Âge d'Homme, « Cistre essais » 11, 1981), p. 22.

8. Maurits Cornelis ESCHER, *L'Œuvre graphique*, introduction et commentaires du graveur (Berlin, Taco, 1989), gravure n° 41.

163

INFORMATIONS, NOTES ET RECHERCHES

PUBLICATIONS

FRANCK VENAILLE qui, depuis de longues années, « a délimité son domaine littéraire et géographique : la lutte de l'ange dans un univers d'eau et de brume où l'homme doit faire face au vaste paysage morne », est l'auteur de nombreux livres dont *La Descente de l'Escaut* (PJO, 1996) et *Hourra les morts !* (Flammarion, 2004). La même année, il a publié *Pierre Jean Jouve — l'homme grave* chez Jean-Michel Place (« Poésie », collection dirigée par Zéno BIANU).

Ce court volume comporte une préface d'environ quarante pages, divisé en séquences diverses dont les titres donnent une idée du propos : « Réapprendre à écrire "je" » (p. 15), « Roman de la langue, langue du roman » (p. 27), « Le "devenir femme" » (p. 36), etc. . Suivent un choix de textes extraits, entre autres, du *Paradis perdu*, de *Matière céleste*, *Génie*, *Proses* ou *Moires*, une biographie et une bibliographie. L'ouvrage est illustré de photographies prises, pour la plupart, par Franck Venaille. Il reproduit aussi quelques pages manuscrites de Jouve.

De Michèle Finck, on lira *Poésie moderne et musique*, « *Vorrei e non vorrei* » — *essai de poétique du son* (Paris, Champion, « Bibl. de littérature générale et comparée » 52, 2004). Voici la question centrale du livre : « Dans quelle mesure le sens que le poète peut vouloir donner du monde naît-il au sein même de l'élaboration musicale que la poésie opère sur les mots ? » S'appuyant sur différents auteurs allemands et français : Hoffmann, Trakl, Rilke, Bachmann aussi bien que Baudelaire, Rimbaud, Mallarmé, Soupault, Bonnefoy, Michaux, Louis-René des Forêts, l'auteur en vient à Jouve. Cette intéressante étude place une « ambiguïté oscillatoire » — tentation de la musique et résistance du verbal au musical — sous le signe du *Don Giovanni* de Mozart : « Vorrei e non vorrei » qui s'explique ainsi : « Le poète "voudrait et ne voudrait pas" de duo avec le musicien » ; mais comment éviter que poésie et musique « n'échangent leur substance » ?

Du côté des revues, signalons le n° 907-908 d'*Europe* (nov.-déc. 2004), consacré à « Pierre Jean Jouve » (pp. 3–131) et à « Psychanalyste et écrivain ? » (pp. 132–212). On ne peut donc parler d'un numéro spécial uniquement réservé au poète. Cependant, bien des articles présentent de l'intérêt. Daniel Leuwers « revisite » Jouve, Salah Stétié y reconnaît un « inspirateur », d'autres s'attachent à des événements, à des influences, à des livres connus. Apparaissent Baudelaire, Mallarmé, Mozart, Pasolini, *Langue*, *Mélodrame*, *Paulina 1880*, etc.. L'ensemble, de bonne tenue, mérite d'être découvert.

Avec une éclatante couverture rouge, *Nu(e)* (n° 30, mars 2005), offre des *"Relectures de Pierre Jean Jouve 2"* (Béatrice BONHOMME, Hervé BOSIO et Giovanni DOTOLI *eds*). Pour nous tous, il est réconfortant de lire chez Salah Stétié :

Depuis qu'ils ont été écrits, c'est-à-dire depuis des décennies, ni les grands recueils de Jouve ni ses romans ni ses essais n'ont pris de plis : œuvre essentielle parce qu'elle parle avec une profondeur resplendissante de ce qui est consubstantiel à l'homme. Dans la mesure où l'homme est encore préoccupé par sa condition, ce qui, hélas, n'est pas toujours le cas (nous vivons une époque de grand divertissement au sens pascalien du terme), l'œuvre de Jouve continue à affecter l'homme et à le concerner.   (p. 28)

Le volume comporte, en outre, la reproduction d'un manuscrit original de Jouve (collection de Salah Stétié), un cahier de création où figurent les noms de Jehan Despert, Pierre Oster, Jean-Baptiste Para et d'autres, un cahier de contributions critiques. Les illustrations sont de Serge Popoff, le Carnet d'Enza Palamara.

Fondée fin 2004, la Société des Lecteurs de Pierre Jean Jouve, présidée par Béatrice Bonhomme et Jean-Yves Masson, inaugure une série de journées d'études destinées à nourrir de futures publications et à permettre aux chercheurs travaillant sur l'œuvre de Jouve de dialoguer entre eux régulièrement.
Siège : 29 avenue Primerose, 06000 Nice.
Contact : bb.nopasaran@wanadoo.fr

166

COLLOQUES

Myriam Watthee-Delmotte (Université Catholique de Louvain, Centre de Recherche sur l'Imaginaire) nous communique le programme du Colloque international : « Pierre Jean Jouve et Henry Bauchau, écrivains de la marge », qui a eu lieu les 18, 19 et 20 octobre 2004 sous sa direction et celle de Jacques Poirier (Université de Bourgogne, Centre Interférences Culturelles Européennes).

Pierre Jean Jouve et Henry Bauchau ? À quel titre réunir deux écrivains ? Et précisément ces deux-là ? Assurément Jouve et Bauchau n'appartiennent pas à la même génération, n'ont pas eu la même expérience de l'histoire, et en aucun cas ne représentent une « école ». Mais en même temps, des fils innombrables les relient : une amitié, la figure de Blanche Reverchon, l'empreinte du christianisme, la rencontre de la psychanalyse et sa transposition dans l'écriture, un semblable sens de la faute, mais d'une faute à la recherche de sa cause, le détour par le mythe, une relation avec les « confins » (la Belgique et la Suisse). Et pour toutes ces raisons, peut-être, leur commune « marginalité » dans l'histoire littéraire du siècle.

L'occasion d'aborder aussi une problématique plus générale : littérature et marginalité.

Se déroulant pour partie à Louvain-la-Neuve et pour partie à Dijon, ce Colloque a réuni de nombreux spécialistes de ces deux auteurs venus de divers pays (Allemagne, Belgique, France, Italie...). Les Actes en paraîtront prochainement.

La première journée d'études organisée par la Société des Lecteurs de Pierre Jean Jouve sous la présidence de Béatrice Bonhomme (Université de Nice) et Jean-Yves Masson (Université Paris IV-Sorbonne) portait sur « Pierre Jean Jouve, poète européen ». Elle s'est tenue le 11 mars 2006 à l'Université Paris IV-Sorbonne.

Il ne s'agissait pas à proprement parler d'un « colloque », mais d'une rencontre destinée à alimenter la réflexion, à tester des pistes de recherche, à faire état de travaux en cours. Cette première journée, placée sous le signe de la littérature française et comparée, a souligné la dimension européenne de l'œuvre de Jouve, à travers ses amitiés, ses admirations, ses lectures, ses traductions, son itinéraire intellectuel.

Le programme de cette journée était le suivant :

Première partie de la matinée (présidence B. BONHOMME) :

Christiane BLOT-LABARRÈRE (directrice de la Série *Pierre Jean Jouve* [Caen, Lettres Modernes Minard, Coll. « La Revue des lettres modernes »]) : « Présence de l'Autriche chez Pierre Jean Jouve : autour de *Hécate* ». – J.-Y. MASSON (Paris IV) : « Jouve et Rilke : un dialogue difficile ».

Deuxième partie de la matinée (présidence C. BLOT-LABARRÈRE) :

Caroline ANDRIOT-SAILLANT (Clermont II) : « La référence commune à Hölderlin chez Pierre Jean Jouve et David Gascoyne ». – B. BONHOMME (Nice) : « Jouve et Hölderlin : une révolution poétique ».

Après-midi (présidence Henriette LEVILLAIN, Paris IV) :

Léa COSCIOLI (Nice) : « Pierre Jean Jouve lecteur de Freud ». – Laure HIMY-PIÈRI (Caen) : « Les *Sonnets* de Shakespeare relus par Jouve : traduction et appropriation ». – Jérémie BERTON (Paris X) « *Le Combat de Tancrède et Clorinde* : réécriture ou transposition d'un poème héroïque européen ». – Muriel PIC (CNRS/EHESS) : « La Traduction des mystiques et l'écriture de l'intraduisible chez Pierre Jean Jouve ».

Par ailleurs, la Société des Lecteurs de Pierre Jean Jouve prévoit deux rencontres dont voici les programmes provisoires :

Rencontre autour de « Pierre Jean Jouve et l'Italie », Monastère de Saorge (Alpes-Maritimes), 15, 16, 17 juin 2007. En partenariat avec la Fondation Sapegno, l'Université de Nice-Sophia Antipolis, l'Université d'Aoste et l'Association « Les Fioretti ». Avec lectures de textes et exposition de Serge Popoff. Journées placées sous la Présidence de Carlo OSSOLA, Professeur au Collège de France. Coordination : Béatrice BONHOMME et Jean-Yves MASSON.

— 15 juin : « Lieu et imaginaire : le paysage jouvien et l'Italie ».

Après-midi
(1ʳᵉ séance, présidence C. BLOT-LABARRÈRE) :
Philippe RAYMOND-THIMONGA (écrivain) : « Jouve, le paysage, l'Italie ». – Eric DAZZAN (Nice) : « L'Italie dans l'œuvre de P. J. Jouve : la lumière des images, la figuration d'un drame métaphysique ».

(2ᵉ séance, présidence Benoît CONORT) :

Myriam WATTHEE-DELMOTTE (Louvain) : « L'Imaginaire romanesque jouvien et l'Italie ». – C. BLOT-LABARRÈRE : « "J'ai aimé l'Italie comme une femme..." ».

Soirée (présidence Philippe RAYMOND-THIMONGA)
Lecture par Jean LAMIRAL (ancien directeur du Théâtre Universitaire de Nice) de textes de Jouve sur l'Italie / Jouve et les mystiques italiens. – Lectures par B. CONORT, J.-Y. MASSON.

— 16 juin. Matin

(1re séance, présidence J.-Y. MASSON), « Jouve traducteur » :
Laure HIMY-PIÈRI (Caen) : « Jouve traducteur de Ungaretti ». – François LIVI (Paris IV) : « Jouve, traducteur de Montale ».

(2e séance, présidence Laure Himy), « Un Lieu de poésie » :
Tristan HORDÉ (lexicographe) et Chantal TANET (lexicographe) : « Retour à la Villa Gioconda ».

Après-midi

(1re séance, présidence : François LIVI), « Jouve et les poètes italiens » :
B. CONORT (Paris X) : « Jouve et l'Enfer de Dante ». – J.-Y. MASSON (Paris IV) : « Jouve, Luzi et Bigongiari ».

(2e séance, présidence : Tristan HORDÉ), « Jouve et les poètes italiens ».

Soirée :
Lecture par J. LAMIRAL de traductions de poètes italiens par Jouve. – Lectures par P. RAYMOND-THIMONGA, B. BONHOMME, Paul GODARD.

— 17 juin. Matin. « Jouve et les mystiques italiens » :
(présidence M. WATTHEE-DELMOTTE)
Jean-Paul LOUIS (Nice) : « Stigmatisés et stigmatisées, une fiction détective. De François d'Assise et Catherine de Sienne à Paulina et Lisbé ». – B. BONHOMME (Nice) : « Jouve et François d'Assise ou Le Cantique du soleil ». – P. GODARD (Montpellier) : « Jouve et les mystiques italiens ».

Colloque Pierre Jean Jouve (organisé par Béatrice BONHOMME et Jean-Yves MASSON), Cerisy, 13–20 août 2007.

Ce colloque vise à mettre en lumière toutes les facettes de la création et de la pensée jouviennes, du roman à la nouvelle et à l'autobiographie, de la critique littéraire et musicale à la création poétique, de la lecture des grands poètes européens aux traductions marquantes qu'il en a proposées (celles de Hölderlin et de Shakespeare en particulier).

— 14 août. Matin. « Identité et Techniques d'écriture » :
Mireille REVOL-CAPPELLETTI (Pérouse) : « La Technique de l'effet de rêve

dans la prose de Pierre Jean Jouve ». – Laure HIMY-PIÈRI (Caen) : « À quel genre appartiennent les Proses de Jouve ? ».

Après-midi : « Paysages »

— Éric DAZZAN (Nice) : « Paysages dans l'œuvre jouvienne ». – Gabrielle ALTHEN (Paris X) : « Paysages et intériorité dans l'œuvre de Jouve ».

Soirée : Lectures par Heather DOHOLLAU.

— 15 août. Matin. « Images et décors » :

C. BLOT-LABARRÈRE : « Ombres et lumières du Baroque dans les romans de Pierre Jean Jouve ». – Myriam WATTHEE-DELMOTTE (Louvain) : « L'Emprise de l'image dans l'œuvre de Jouve ».

Après-midi. « Poésie jouvienne » :

Michael G. KELLY (Limerick, Irlande) : « Jouve et la raison poétique ». – Aude PRÉTA DE BEAUFORT (Paris IV) : « Jouve, retours sur le passé. À partir d'Ode, 1950 ».

Soirée. Lecture par Gérard ENGELBACH : « Reconnaissance à Pierre Jean Jouve ».

— 16 août. Matin. « Présence d'Éros » :

Tristan HORDÉ (lexicographe) : « L'ombre de la chair ». – François LALLIER (poète, essayiste, Dijon) : « Le corps d'Alice ».

— 17 août. Matin. « Imaginaire épique ».

Régis LEFORT (Bordeaux) : « Pierre Jean Jouve, le fier combat d'une nuit ». – Benoît CONORT (Paris X) : « Les Poèmes de guerre : 1914–1918/ 1939–1945 : qu'est ce qui a changé ? ».

Après-midi. « Musique et rythme » :

Jérémie BERTON (Paris X) : « Jouve et la musique ». – Léa COSCIOLI (Nice) : « Le Rythme chez Jouve ».

Soirée. Lecture par Bernard VARGAFTIG : « Le Cœur a son compte ».

— 18 août. Matin. « Intertextes » :

B. BONHOMME (Nice) : « Jouve et l'intertexte philosophique » – Serge MEITINGER (Saint-Denis de la Réunion) : « Théologie de Pierre Jean Jouve ».

Après-midi. « Traductions et passages » :

Micéala SYMINGTON (La Rochelle) : « Jouve, Shakespeare et le droit à l'infidélité ». – Caroline ANDRIOT-SAILLANT (Clermont II) : « Jouve et les poètes anglais ».

Soirée. Lectures par Salah STÉTIÉ.

— 19 août. Matin

Marc-Henri ARFEUX (philosophe) : « L'aventure de soi, du poème et du récit à travers Hécate et Vagadu ». – J.-Y. MASSON (Paris IV) : [sujet à préciser.]

170

Après-midi. « Tissages » :
Takayuki OZAKI (Aichi-gakuin, Japon) : « Trois Portraits de Baudelaire, selon Sartre, Blanchot et Jouve ». – Ronald KLAPKA (Reims) : « Joë Bousquet, lecteur de Pierre Jean Jouve ».

Nous rendrons compte de ces manifestations dans notre prochaine livraison.

VARIA

Il nous a semblé judicieux de placer dans cette rubrique, les deux livres suivants. Leur histoire, étonnamment liée, appelle des explications plus fines et corrobore l'incontestable modernité de Jouve.

En 2004, paraît *Blanche*, d'Arnaud Rykner, éditions du Rouergue (coll. « La Brune »). L'écrivain est connu non point pour être un spécialiste de Jouve, mais parce qu'il a donné divers essais aux Éditions José Corti, un autre sur *Nathalie Sarraute*, aux Éditions du Seuil, tout en devenant l'assistant de Claude Régy et en développant d'un côté son enseignement à l'Université de Toulouse-Le Mirail, de l'autre des œuvres de fiction. La surprise vient au début de *Blanche* :

Je m'appelle Catherine Crachat. Non.
Catherine Crachat est le nom d'une femme dont j'ai lu l'histoire dans un livre [...] Je ne m'appelle pas Catherine Crachat, mais j'aurais pu.

(p. 13)

En effet. Femme de départs, d'hôtels, de Bretagne « sur les ruines de l'été », femme qui rit, qui pleure, Blanche, dans sa solitude, attend. On ne sait pas qui, on ne sait pas quoi, belle, folle, en proie à des rencontres amoureuses, au silence, à l'arrivée d'un enfant, à l'envie de fuir, au désir de rester. *Blanche* est un bref chef-d'œuvre. *Blanche* intrigue. Nous nous informons. Le 8 mars 2004, Arnaud Ryckner répond par une longue lettre. S'il s'intéresse à Jouve, c'est, d'être sûr, sans l'avoir beaucoup lu, « qu'il fait partie de ces écrivains que l'on sait, intuitivement, familiers et auxquels on se promet de rendre visite un jour, avec la mauvaise conscience d'un parent oublieux ». Blanche ? Il ignorait que tel était le prénom de la seconde femme de Jouve. Catherine Crachat ? Il l'a découverte chez... Marie Depussé.

Un autre nom surgit. Mais qui ignore l'œuvre, d'autant plus

171

remarquable qu'elle est discrète et sûre, de Marie Depussé ? Retour à *Qu'est-ce qu'on garde ?* (P.O.L, 2000). Regret de n'en avoir pas parlé plus tôt. Enseignante rebelle, toute d'ardeur et de sensibilité contenues, Marie Depussé — par ailleurs, auteur de *Dieu gît dans les détails* (P.O.L, 1993), *Est-ce qu'on meurt de ça ?* (P.O.L, 1996), *Là où le soleil se tait* (P.O.L, 1998), etc. — nous offre là un modèle de commentaire intelligent. Citant Blanchot et Lacan, elle écrit : « *Ainsi pouvaient venir jusqu'à nous ces grands récits malades, troués, exhibant leurs limites, leurs abus, en un paroxysme où ils nous forçaient à entendre la nécessité vitale de raconter.* » (p. 93). Et d'enchaîner sur le premier chapitre de *Hécate* (pp. 93–102) où on relève notamment : « *L'aventure aura été racontée pour dire qu'il n'arrive rien à Catherine. Et la dernière phrase installe son calme, la vérité de son absence de temps, le sens caché de tous ces imparfaits bizarres* [...]. *Alors peut se produire, rendue possible par l'insuffisance déclarée du récit, et la présence du mot "amour", l'émergence du "c'est moi".* » (p. 101).

Insensiblement, on glisse de Jouve à Marguerite Duras (voir l'article de Madeleine BORGOMANO dans *PJJ6*), rapprochement non fortuit : « *Le récit de Jouve ouvre le chemin de ceux de Marguerite Duras.* » (p. 102). Du *c'est moi* de *Hécate*, on passe au *Ravissement de Lol V. Stein* : « La distance est couverte, moi. » proféré par Jacques Hold. N'est-ce point que la « *voie narrative se pose, comme elle le peut* [...], *elle ne trouve pas plus qu'avant sa place dans le texte, sur une première personne, acculée, souvent, comme Catherine Crachat, à la violence, qu'elle sait inutile, d'un plaidoyer* » (p. 109) ?

Qu'il nous soit permis, en terminant, de lancer un appel à nos lecteurs afin que nous soyons de mieux en mieux instruits par leurs avis ou par leurs contributions, afin qu'ils nous aident à entretenir, sans désemparer, le souvenir de Jouve, ce grand contemporain que notre époque semble quelque peu négliger.

Le *Jouve 9* sera consacré aux « Réminiscences du Baroque chez Pierre Jean Jouve ».

C. B.-L.

Correspondance, informations ou études doivent être adressées à Christiane Blot-Labarrère, 5 rue des Lilas, Monte-Carlo, MC 98000 Monaco (azl.cbl@monaco.mc).

TABLE

Achevé d'imprimer par Corlet,
Condé-en-Normandie (Calvados), en octobre 2021
N° d'impression : 173521 - dépôt légal : octobre 2021
Imprimé en France